Ulrich Furbach

**Logische und Funktionale
Programmierung**

Artificial Intelligence
Künstliche Intelligenz

herausgegeben von Wolfgang Bibel und Walther von Hahn

Künstliche Intelligenz steht hier für das Bemühen um ein Verständnis und um die technische Realisierung intelligenten Verhaltens.
Die Bücher dieser Reihe sollen Wissen aus den Gebieten der Wissensverarbeitung, Wissensrepräsentation, Expertensysteme, Wissenskommunikation (Sprache, Bild, Klang, etc.), Spezialmaschinen und -sprachen sowie Modelle biologischer Systeme und kognitive Modellierung vermitteln.

Bisher sind erschienen:

Automated Theorem Proving
von Wolfgang Bibel

Die Wissensrepräsentationssprache OPS 5
von Reinhard Krickhahn und Bernd Radig

Prolog
von Ralf Cordes, Rudolf Kurse, Horst Langendörfer, Heinrich Rust

LISP
von Rüdiger Esser und Elisabeth Feldmar

Logische Grundlagen der Künstlichen Intelligenz
von Michael R. Genesereth und Nils J. Nilsson

Wissensbasierte Echtzeitplanung
von Jürgen Dorn

Modulare Regelprogrammierung
von Siegfried Bocionek

Automatisierung von Terminierungsbeweisen
von Christoph Walther

Logische und Funktionale Programmierung
von Ulrich Furbach

Ulrich Furbach

Logische und Funktionale Programmierung

Grundlagen einer Kombination

Das in diesem Buch enthaltene Programm-Material ist mit keiner Verpflichtung oder Garantie irgendeiner Art verbunden. Der Autor und der Verlag übernehmen infolgedessen keine Verantwortung und werden keine daraus folgende oder sonstige Haftung übernehmen, die auf irgendeine Art aus der Benutzung dieses Programm-Materials oder Teilen davon entsteht.

Der Verlag Vieweg ist ein Unternehmen der Verlagsgruppe Bertelsmann International.

Alle Rechte vorbehalten
© Friedr. Vieweg & Sohn Verlagsgesellschaft mbH, Braunschweig 1991

Das Werk einschließlich aller seiner Teile ist urheberrechtlich geschützt. Jede Verwertung außerhalb der engen Grenzen des Urheberrechtsgesetztes ist ohne Zustimmung des Verlags unzulässig und strafbar. Das gilt insbesondere für Vervielfältigungen, Übersetzungen, Mikroverfilmungen und die Einspeicherung und Verarbeitung in elektronischen Systemen.

Umschlaggestaltung: Peter Lenz, Wiesbaden
Druck und buchbinderische Verarbeitung: W. Langelüddecke, Braunschweig
Printed in Germany

ISBN 3-528-05127-2

für Monika

Vorwort

Das vorliegende Buch ist eine überarbeitete Fassung meiner Habilitationsschrift 'Funktionen in Hornklausellogik'.

Die Arbeit ist an der Technischen Universität München im Rahmen des ESPRIT-Projektes P973 ALPES fertiggestellt worden. Herrn Prof. Bibel und Herrn Prof. Jessen möchte ich danken, daß sie mir die Arbeit in der fruchtbaren und anregenden Atmosphäre der Forschungsgruppe Intellektik ermöglicht haben.

Herrn Prof. Brauer danke ich für das Interesse, daß er dieser Arbeit entgegengebracht hat. Ein wichtiger Teil der Arbeit baut auf meiner wissenschaftlichen Tätigkeit an der Fakultät für Informatik der Universität der Bundeswehr München auf. Für die Unterstützung während dieser Zeit, sowie für zahlreiche Verbesserungsvorschläge möchte ich Herrn Prof. Niegel herzlich danken.

Die Zusammenarbeit mit meinem Kollegen Steffen Hölldobler hat mir großen Spaß gemacht; seine Ideen, seine Diskussionsbereitschaft und seine Kritikfreudigkeit haben mich stets angeregt. Diskussionen mit Thierry Conrad, Jean-Yves Cras und Bertram Fronhöfer haben wesentlich mitgeholfen.

Die Implementierung des FHCL-Systems wurde von Thomas Laußermeier, die der parallelen Version von Matthias Schuster angefertigt. Christian Suttner war FHCL-Anwender bei der Entwicklung von Smoothsort. Er hat auch zusammen mit Peter Baumgartner und Max Moser frühere Fassungen dieser Arbeit kritisch gelesen.

München im September 1990   Ulrich Furbach

Inhalt

0	Einführung	6
1	**Hornklausellogik als Programmiersprache**	**12**
	1.1 Die Sprache der Hornklauseln: Syntax und Semantik von HCL	20
	1.2 Behandlung der Gleichheit	25
	1.3 HCL-Programme mit Gleichheit	30
2	**Die Kombination von HCL und funktionalen Sprachen**	**33**
	2.1 Formale Spezifikation der Kombination	34
	2.2 Erweiterte Unifikation	41
	2.3 Erweiterte Resolution	46
	2.4 Korrektheit	50
	2.5 Vollständigkeit	53
	2.6 Beispiele aus der Literatur	60
3	**Das FHCL-Programmiersystem**	**69**
	3.1 Die Sprache	72
	3.2 Erweiterte Unifikation und Resolution in FHCL	73
	3.3 Inverse Funktionen	76
	3.4 Systemumgebung	77
	3.5 Ein FHCL-Beispiel	82
4	**Parallelisierung von HCL**	**87**
	4.1 ODER-Parallelität	90
	4.2 FHCL auf Mehrprozessorsystemen	91
	4.2.1 ODER-Paralleles FHCL	92

		4.2.2 Implementierung 94

5 Termersetzungssysteme im FHCL-Schema   96
     5.1 Termersetzungssysteme als funktionale Sprache 96

     5.2 Von Hornklausellogik zu Termersetzungssystemen 100

     5.3 Einordnung ins FHCL-Schema und Diskussion 106

6 Sortierte Hornklauseln   111
     6.1 Mehrsortigkeit 114

     6.2 Sortenhierarchien 116

     6.3 Syntaktischer Zucker 120

     6.4 Attribute und Vererbung 121

     6.5 Gleichungen vs. Relativierung 125

7 Eine Anwendung: Smoothsort   127
     7.1 Transformationelle Programmentwicklung 127

     7.2 Entwicklung von Smoothsort 128

     7.3 Lehren daraus 136

8 Zusammenfassung   138

9 Anhang   140

     Literatur   **151**

     Sachwortverzeichnis   **157**

Abbildungsverzeichnis

1	Transformation zur Definition der Semantik von (FP, LP)	36
2	E-Resolution — Verarbeitung von Teilzielen	50
3	E-Resolution — Aufbau	51
4	Korrektheit der E-Resolution	53
5	Vollständigkeit der E-Resolution	59
6	Deduktionszyklus	79
7	Das Pool-Modell	92
8	Parallelisierung des Deduktionszyklus	94
9	Slave-, Router- und Master-CPU	95
10	Eine Spiel-Hierarchie	113
11	Ein kleiner Zoo	117

0 Einführung

Der Prädikatenlogik kommt in vielen Bereichen der Informatik eine zentrale Rolle zu. Im Zusammenhang mit Programmierung wurde Logik seit jeher zur Spezifikation und zum Beweis der Korrektheit von Programmen eingesetzt. Im Bereich der Künstlichen Intelligenz existieren seit den Arbeiten an automatischen Theorembeweisern Ansätze, den Vorgang des Programmierens zu automatisieren. Solche Arbeiten zur Programmsynthese starten zumeist von einer gegebenen Spezifikation eines Programmes in Prädikatenlogik erster Stufe. Die Aufgabe ist dann, daraus ein lauffähiges, effizientes Programm zu konstruieren, wozu in manchen Systemen auch Interaktion mit dem Benutzer zugelassen ist. Insofern ist offensichtlich Programmsynthese aus logischen Spezifikationen als logisches Programmieren aufzufassen; die Arbeiten auf diesem Gebiet werden auch unter diesem Anspruch in vielen aktuellen Forschungsprojekten betrieben.

Die klare Trennung zwischen Spezifikation und Programm, die hier unterstellt wurde, verschwimmt, wenn man bedenkt, daß Spezifikationen in Prädikatenlogik durchaus von einem Theorembeweiser "interpretativ abgearbeitet" werden können. Ein konstruktiver Beweis einer Spezifikation von der Form $\forall x \exists y S$ kann als ein Verfahren verstanden werden, welches dazu dient, aus einer Eingabe x eine Ausgabe y zu erhalten, so daß S erfüllt ist. Das Problem dabei ist allerdings die kombinatorische Komplexität der automatischen Beweisverfahren.

Im Zusammenhang mit resolutionsbasierten Beweisverfahren war eine wichtige Erkenntnis zur Bewältigung dieser Komplexität, daß die Form der zulässigen Beweise auf sogenannte lineare Beweise eingeschränkt werden kann. Wenn man sodann auch noch die Menge der zulässigen Formeln auf Hornklauseln beschränkt, sind die wesentlichen Grundbausteine für die Entwicklung von effizienten logischen Programmiersprachen genannt.

A. Colmerauer entwarf dann auch Anfang der 70er Jahre die Programmiersprache PROLOG auf dieser Basis. Aber auch viele andere trugen entscheidend zum raschen Erfolg dieser Art, "logisch zu programmieren", bei. R. Kowalski z.B. hat mit seiner prozeduralen Interpretation von Hornklausellogik mitgeholfen, PROLOG populär zu machen; zusammen mit M. van Emden und anderen entwickelte er für Hornklausellogik als Programmiersprache eine formale Semantik, die sich neben Modell- und Beweistheorie auch auf Fixpunkttheorie stützt.

Mittlerweile hat PROLOG einen festen Platz in der Programmiersprachenlandschaft gefunden. Dabei hat sich aber auch gezeigt, daß dies nur deshalb möglich war, weil PROLOG nicht *nur* eine logische Sprache ist: Alle PROLOG-Systeme unterstützen in gewissem Maße prozedurale Programmierung. So sind z.B. Ein- und Ausgabe-Prädikate (besser: Befehle), Programmierhilfen für Graphik und Maus oder vielfältige Kontrollkonstrukte selbstverständlich. Dies führt aber dazu, daß man in PROLOG zwar deklarativ programmieren kann, für viele Anwendungen die Sprache jedoch prozedural benutzt.

Die Formel "Algorithmus = Logik + Kontrolle" ist auf PROLOG-Programme nicht in dem Sinne anwendbar, daß die deklarative Leseart eines Programmes — wenn alle vorkommenden prozeduralen Konstrukte ignoriert werden — seine Spezifikation darstellt und man erst zusammen mit der Kontrolle, also den prozeduralen Konstrukten, einen Algorithmus erhält. Vielmehr kann sich durch die prozedurale Interpretation der Hornklauseln die Semantik des PROLOG-Programmes deutlich von der des "rein logischen" Programmes unterscheiden.

Ein Beispiel für diese Diskrepanz ist das triviale PROLOG-Program zur Berechnung der *bruder*-Relation:

$bruder(x, y) \leftarrow bruder(y, x)$
$bruder(trick, track)$

Als logische Formel lassen sich diese Hornklauseln wie folgt interpretieren.

Für alle x und y gilt: Wenn y ein Bruder von x ist, ist x ein Bruder von y; und *trick* ist ein Bruder von *track*.

Die Aussage

track ist ein Bruder von *trick*.

ist nun offensichtlich eine logische Folgerung aus dem obigen Programm. Ruft man aber das PROLOG-Programm mit $bruder(track, trick)$ auf, führt dies zu einer nicht-terminierenden Berechnung. Ein PROLOG-Interpretierer arbeitet nämlich die Klauseln in der Reihenfolge ihrer Aufschreibung ab. Demnach ist die erste Klausel *immer* anwendbar und führt zur unendlichen Folge $bruder(track, trick)$, *bruder(trick, track)*, *bruder(track, trick)*, ..., ohne daß je die zweite Klausel des Programmes zur Anwendung kommen könnte. Die prozedurale Semantik dieser beiden Klauseln deckt sich damit nicht mit der deklarativen, intendierten Semantik.

Diese Abweichung zwischen deklarativer und prozeduraler Semantik, die bei manchen PROLOG-Programmen auftreten kann, ist ein Motiv dafür, die Verwendung der beiden Programmierstile auch durch unterschiedliche Sprachen klar voneinander zu trennen: Anstatt die Logik durch extra-logische Konstrukte zu erweitern, versucht man sie mit einer weiteren Programmiersprache zu kombinieren. In dieser zusätzlichen Programmiersprache werden dann die prozeduralen Anteile von Programmen formuliert, während diejenigen Teile, die sich für eine deklarative Behandlung eignen, im logischen Teil programmiert werden. Das schwierige Problem bei diesem Ansatz ist es, die Kombination der beiden Spracharten so vorzunehmen, daß der logische Kalkül seine angenehmen Eigenschaften — Korrektheit und Vollständigkeit — beibehält.

Dies kann an folgender Hornklausel demonstriert werden, wobei wir voraussetzen, daß die arithmetischen Funktionen + und * durch geeignete Programme gegeben sind.

$$cats\_birds\_heads\_legs(x, y, x+y, 4*x + 2*y) \leftarrow$$

Ein Aufruf von

$$?- cats\_birds\_heads\_legs(2, 3, v, w)$$

müßte dann für die Anzahl der "Köpfe" $v = 5$ und für die der "Beine" $w = 14$ liefern. Dies Ergebnis erhält man durch einfaches Auswerten der arithmetischen Ausdrücke. Anders ist die Situation beim Aufruf

$$?- cats\_birds\_heads\_legs(2, y, 5, 14)$$

Hier ist die Frage "Wie muß y instantiiert werden, so daß $2 + y$ den Wert 5 und $4*2+2*y$ den Wert 14 ergibt?" – durch Auswerten der arithmetischen Funktionen ist dies nicht mehr möglich. Um ein vollständiges Gesamtsystem zu erhalten, muß eine Möglichkeit zum Lösen solcher Gleichungen eingebaut werden.

Während das erste Problem, das Auswerten von arithmetischen Ausdrücken, in PROLOG noch leicht zu bewerkstelligen ist, läßt sich das zweite, das allgemeine Lösen von Gleichungen, tatsächlich nicht mehr in PROLOG behandeln.

In der Literatur existieren zahlreiche Vorschläge für die Kombination von logischen mit funktionalen oder prozeduralen Sprachen. Einer der ersten ist von A. Robinson und E. Siebert, die mit LOGLISP eine Hornklauselsprache mit einem LISP-System kombinierten. Dabei standen nicht so sehr die theoretischen Eigenschaften des Systems im Mittelpunkt des Interesses, als die Verwendung von LISP in einem logischen Programmiersystem. LISP hat sich im Bereich der symbolischen Berechnung als *die* Programmiersprache durchgesetzt, und es existieren mächtige Programmierumgebungen und effiziente Kompilierer dafür. Warum also auf ein solches Programmierhilfsmittel verzichten? In LOGLISP wurde demonstriert, daß beide Paradigmen, logische und funktionale Programmierung, zusammengeführt werden können.

Ziele

Das vorliegende Buch verfolgt zwei Hauptziele:
Zum einen soll ein theoretischer Rahmen für die Kombination von Hornklausellogik mit beliebigen funktionalen Sprachen entwickelt werden. Dieser Rahmen — den wir FHCL-System nennen — wird so eingeführt, daß ein Beweis seiner Korrektheit und Vollständigkeit gegeben werden kann. Zum anderen wird das FHCL-Schema mit LISP als funktionaler Sprache instantiiert und das so erhaltene FHCL-Programmiersystem beschrieben. Dabei wird auch auf eine Implementierung und auf Parallelisierungsmöglichkeiten eingegangen.

Alternative Instantiierungen mittels Termersetzungssystemen werden diskutiert und es wird gezeigt, wie damit ordnungssortierte Hornklauseln definiert werden können, ohne an der Semantik der Sprache Änderungen vornehmen zu müssen.
Ferner wird demonstriert wie ein solches kombiniertes Programmiersystem für realistische Programmieraufgaben eingesetzt werden kann.

Zu betonen ist nochmals, daß hier tatsächlich zwei Paradigmen miteinander kombiniert werden sollen. Das Ziel ist es, zwei *Programmierstile* in einem System zur Verfügung zu stellen. Alternative Vorgehensweisen, die eine Programmiersprache mit verschiedenen *Abarbeitungsmechanismen* versehen, stehen dabei nicht im Mittelpunkt des Interesses.

Überblick

Die Arbeit setzt gewisse Grundkenntnisse aus dem Bereich der logischen Programmierung voraus. Obwohl die wichtigsten Begriffe eingeführt werden, ist der Leser, der keine Vorkenntnisse hat, gut beraten, die Grundlagen der logischen Programmierung z.B. in [Llo84] nachzuschlagen.

In Abschnitt 1 wird die Verwendung von *Hornklausellogik (HCL) als Programmiersprache* diskutiert. Dazu wird die Abgrenzung zu PROLOG ausführlich angesprochen und der notwendige Formalismus bis hin zur Semantik von HCL als Programmiersprache eingeführt. Dabei wird auch auf verschiedene Möglichkeiten zur Behandlung der Gleichheitsrelation, wie zum Beispiel der Paramodulationsregel, eingegangen.

In Abschnitt 2 wird das FHCL-Schema, also die *Kombination von HCL mit funktionalen Sprachen*, eingeführt. Dazu wird festgelegt, was im Rahmen dieser Arbeit unter einer funktionalen Sprache zu verstehen ist. Sodann wird die modelltheoretische Semantik einer kombinierten Sprache definiert, die sich auf eine Hornklauselsprache mit Gleichheit stützt. Diese Semantik dient als Spezifikation für die folgende beweistheoretische oder operationale Semantik. Als Abarbeitungsmechanismus für kombinierte logische und funktionale Programme (FHCL-Programme) wird eine Resolutionsregel mit einer erweiterten Unifikation benutzt. Die Erweiterung ist dabei so definiert, daß tatsächlich ein Schema entsteht, das durch beliebige funktionale Sprachen instantiiert werden kann. Die Korrektheit und Vollständigkeit dieses Schemas wird sodann unter bestimmten Annahmen bezüglich der funktionalen Sprache bewiesen. Schließlich werden einige Instantiierungen dieses FHCL-Schemas aus der Literatur an Hand kleiner Beispielprogramme diskutiert.

Abschnitt 3 stellt eine Instantiierung des FHCL-Systems, das *FHCL-Programmiersystem* (kurz: FHCL) vor. Hier wird LISP als funktionale Sprache mit Hornklausellogik kombiniert. Eine kurze Einführung in einen Kern von LISP soll dem Leser ohne LISP-Vorkenntnisse helfen, diesem Abschnitt zu folgen. Es wird insbesondere auch mittels einiger Beispiele auf die Implementierung und die Systemumgebung von FHCL eingegangen.

In Abschnitt 4 steht die *Parallelisierung von HCL* im Mittelpunkt. Nach einem kurzen Überblick verschiedener sprachabhängiger Parallelisierungstechniken wird auf der Basis der Implementierung, die im vorhergegangenen Abschnitt erläutert wurde, gezeigt, daß eine ODER-parallele Implementierung des logischen Teils von FHCL auf eine natürliche Weise möglich ist.

In Abschnitt 5 wird eine andere Möglichkeit der Instantiierung des FHCL-Schemas ausführlich diskutiert, nämlich die Verwendung von *Termersetzungssystemen* als funktionalen Teil. Termersetzungssysteme, oder allgemein Gleichungen, spielen eine besondere Rolle, u.a. deshalb, weil sie eine Brücke darstellen zu den Arbeiten, die sich mit der Spezifikation von Software mittels algebraischer Methoden befassen. Dort werden zumeist Gleichungen benutzt, um Programme zu beschreiben, die dann auch prototypisch interpretiert werden können. In diesem Abschnitt ergeben sich die dazu verwendeten Methoden als Spezialfall der Paramodulationsregel aus Abschnitt 1. Es wird ferner diskutiert, wie Termersetzungssysteme in FHCL eingesetzt werden können, und es werden einige Alternativen aus der Literatur behandelt.

Die Instantiierung eines FHCL-Schemas mittels Termersetzungssystemen dient im Abschnitt 6 dazu, eine *Ordnungssortierung* des HCL-Teils zu erreichen. Das Ziel ist dabei, ein hybrides System zu erhalten, in dem der funktionale Teil die Rolle einer taxonomischen Wissensbasis spielt, während Zusicherungen oder assertionales Wissen im HCL-Teil formuliert werden können. Die Verwendung eines solchen FHCL-Systems zur Definition von ordnungssortierter Hornklausellogik ist deshalb als Ausgangspunkt für effiziente Implementierungen gut geeignet, weil dazu lediglich die erweiterte Unifikation ausgetauscht werden muß, ohne die Semantik des Gesamtsystems zu ändern.

In Abschnitt 7 wird schließlich eine anspruchsvolle Programmieraufgabe in FHCL behandelt. Es handelt sich dabei um die rigorose Herleitung des in-situ Sortierverfahrens *smoothsort* über verschiedene Zwischenschritte aus einer Spezifikation. Dabei ist das Wechselspiel von funktionaler und logischer Programmierung in den einzelnen Herleitungsschritten von besonderem Interesse, weil hierdurch deutlich wird, daß sich manche Teilprobleme sehr natürlich bereits in einem frühen Entwicklungsstadium in einer funktionalen Sprache lösen lassen.

1 Hornklausellogik als Programmiersprache

In der Einführung wurde bereits deutlich gemacht, daß Programmieren in Logik nicht notwendigerweise mit Programmieren in Hornklausellogik gleichzusetzen ist. Im folgenden soll verdeutlicht werden, daß Programmieren in Hornklausellogik auch nicht notwendigerweise Programmieren in PROLOG bedeutet.

Dazu wird zunächst in die Sprache der Hornklauseln auf informelle Weise eingeführt und anschließend die Abgrenzung gegenüber PROLOG vorgenommen.

Hornklauseln

Hornklauseln sind logische Formeln der Form

$$B_1 \wedge \ldots \wedge B_n \rightarrow A$$

Es handelt sich also um eine Implikation, deren Prämisse eine Konjunktion von atomaren Formeln und deren Konklusion eine einzige atomare Formel ist. Ein Beispiel für eine solche Implikation ist

$$rel(x,y) \wedge rel(y,z) \rightarrow rel(x,z)$$

Diese Formel kann frei übersetzt werden durch: " Wenn x mit y und y mit z in der Relation *rel* stehen, dann auch x mit z" oder kürzer: "*rel* ist transitiv". In diesem Fall wird eine Hornklausel benutzt, um eine Eigenschaft einer Relation zu *spezifizieren*. Hornklauseln können jedoch auch *prozedural* interpretiert werden, so daß eine Menge von Hornklauseln einem Programm entspricht.

Als elementare Datenstruktur für solche Programme führen wir Listen über beliebigen atomaren Symbolen ein.
Dabei notiert

- [] die leere Liste und

- [head | tail] eine Liste mit dem erstem Element *head* und der Restliste *tail*.

Beispiele für Listen sind [a], [a b c d] und [a [] [b c] d]. [1]

Hiermit können nun Programme über Listen definiert werden:

$$sublist(tail, y) \rightarrow sublist([head \mid tail], y)$$

Die Implikation ist zu lesen als " Wenn y eine Teilliste von *tail* ist, gilt auch, daß y eine Teilliste von [head | tail] ist". Solche Formeln lassen sich in naheliegender Weise als Prozeduren auffassen. Man schreibt dazu die Implikation umgekehrt als

$$sublist([head \mid tail], y) \leftarrow sublist(tail, y)$$

und interpretiert die Formel als Regel: "Um $sublist([head \mid tail], y)$ zu berechnen muß $sublist(tail, y)$ berechnet werden". Es handelt sich hierbei um den rekursiven Aufruf der Prozedur *sublist*, wobei die Rekursion über die Liste geht, von der die Teilmenge y berechnet werden soll. Die linke Seite dieser Prozedur, also $sublist([head \mid tail], y)$, nennen wir *Prozedurkopf* und die rechte Seite, also $sublist(tail, y)$, *Prozedurrumpf*.

Nun kann in der Teilliste y aber auch das Element *head* enthalten sein, welches durch die Klausel

$$sublist([head \mid tail], [head \mid y]) \leftarrow sublist(tail, y)$$

---

[1] Diese Notation ist eine Abkürzung für die folgende Definition: Atome seien S-Ausdrücke. *cons* ist eine zweistellige Funktion über S-Ausdrücken. Wenn A und B S-Ausdrücke sind, ist auch $cons(A, B)$ ein S-Ausdruck. Die beiden Funktionen *hd* und *tl* seien definiert durch

$hd(cons(A, B)) = A$
$tl(cons(A, B)) = B$

Wenn der Operator "." als Infixschreibweise für *cons* verwendet wird, können S-Ausdrücke der Form

$(a_1.(a_2.(\ldots(a_n.nil)\ldots)))$

wobei die a_i beliebige S-Ausdrücke sind und *nil* ein Atom ist, durch

$[a_1 \, a_2 \, \ldots \, a_n]$

notiert werden. Das Atom *nil* entspricht dabei der leeren Liste.

ausgedrückt ist. Andererseits kennen wir auch die einzig mögliche Teilliste einer leeren Liste, nämlich die leere Liste selbst. Diese Tatsache kann mittels einer Hornklausel ohne Bedingung notiert werden.

$$sublist([],[]) \leftarrow$$

Diese drei Formeln ergeben zusammen ein nicht-deterministisches Programm zur Berechnung von Teillisten einer gegebenen Liste:

$$sublist([head \mid tail], y) \leftarrow sublist(tail, y)$$
$$sublist([head \mid tail], [head \mid y]) \leftarrow sublist(tail, y)$$
$$sublist([],[]) \leftarrow$$

Ein möglicher Aufruf

$$\leftarrow sublist([a\ b\ c\ d], x)$$

des Programmes dient dazu, eine Teilliste der Liste [a b c d] zu berechnen. Das Verfahren zur Auswertung dieses Aufrufs sei hier nur skizziert – eine Präzisierung, nämlich die SLD-Resolution, ist im folgenden Abschnitt zu finden.

Von den drei Klauseln, die das Programm *sublist* darstellen, ist die dritte Klausel vorerst nicht anwendbar, da die Liste [a b c d] ungleich der leeren Liste [] ist. Jede der beiden anderen Klauseln dagegen kann angewendet werden, wobei die Variable *head* zur Parameterübergabe mit dem ersten Listenelement a besetzt wird und die Variable *tail* den Rest [b c d] der Liste enthält. Je nachdem, welche der beiden Klauseln nun verwendet wird, enthält das Ergebnis der Berechnung den Wert von *head* oder nicht. Auf jeden Fall muß die rechte Seite eine Teilliste der Restliste *tail* berechnen. Erst wenn die Liste rekursiv durchlaufen wurde, also *head* mit d und *tail* mit [] beim Aufruf von *sublist* besetzt ist, kann die dritte Klausel von *sublist* angewendet werden, und die Rekursion kommt zum Abschluß.

Die Ergebnisteilliste hängt davon ab, wie die verschiedenen Auswahlmöglichkeiten getroffen wurden. Im Beispiel muß viermal eine nichtdeterministische Auswahl zwischen der ersten beiden Klauseln von *sublist* vorgenommen werden. Die beiden Extremfälle für das Ergebnis sind die leere Liste [], wenn immer nur die erste und [a b c d], wenn immer nur die zweite Klausel verwendet wird.

Das Programm kann aber auch benutzt werden, um zu überprüfen, ob eine gegebene Liste Teilliste einer anderen ist, also z.B.

$$\leftarrow sublist([a\ b\ c\ d], [b\ d])$$

Im Gegensatz zum vorhergehenden Aufruf ist hier keine Variable enthalten; der Interpretierer liefert in solchen Fällen nur "Erfolg" oder "Mißerfolg" – für diesen speziellen Aufruf ist wohl mit "Erfolg" zu rechnen.

Wenn unser kleines Beispielprogramm im folgenden benutzt werden soll, um Teilmengen zu behandeln, liegt es nahe, Mengen durch Listen zu repräsentieren: Eine Menge $\{a_1, \ldots, a_n\}$ wird durch die Liste $[a_1 \ldots a_n]$ repräsentiert. Weiterhin scheint es naheliegend, *sublist* zur Berechnung von Teilmengen zu verwenden. Tatsächlich repräsentiert auch jede Teilliste eine Teilmenge; nicht jede Repräsentation einer Teilmenge einer Menge ist auch eine Teilliste der entsprechenden Liste. So gilt, wie wir oben gesehen haben

$$\leftarrow sublist([a\ b\ c\ d], [b\ d]),$$

also, daß $\{b, d\}$ eine Teilmenge von $\{a, b, c, d\}$ ist. Nicht jedoch gilt

$$\leftarrow sublist([a\ b\ c\ d], [d\ b]),$$

obwohl natürlich $\{d, b\}$ ebenfalls Teilmenge von $\{a, b, c, d\}$ ist.

Eine tatsächliche Spezifikation der Teilmengenrelation kann dagegen in Prädikatenlogik wie folgt angegeben werden:

$$\forall x, y(subset(x, y) \leftrightarrow \forall u(u \in x \rightarrow u \in y))$$

Diese Formel stellt eine recht natürliche Spezifikation dar. Offensichtlich hat sie aber nicht die Form einer Hornklausel, wie wir sie bisher behandelt haben. Es existieren zwar Beweissysteme, die im Prinzip solche Spezifikationen als Programme abarbeiten können (z.B. [LSBB89]), auf Grund der gewaltigen Suchräume, die dabei bewältigt werden müssen, können jedoch derzeit damit noch keine realistischen Programmieraufgaben gelöst werden. Da hier aber eine anwendbare Programmiersprache benötigt wird, beschränken wir uns auf Hornklauselprogramme. Im Abschnitt 3 werden wir das Teilmengenproblem durch folgendes Hornklauselprogramm behandeln:

$$subset(z, [\,]) \leftarrow$$
$$subset([head \mid tail], z) \leftarrow delete(head, z, zn) \land subset(tail, zn)$$

$$delete(head, [head \mid tail], z) \leftarrow$$
$$delete(x, [head \mid tail], [head \mid zn]) \leftarrow delete(x, tail, zn)$$

Hierbei wird durch *delete* ein Element aus einer Liste, von der eine Teilmenge (bzw. Teilliste) berechnet werden soll, nichtdeterministisch ausgewählt und gelöscht; von der verbleibenden Liste wird dann eine Teilmenge berechnet. Dieses Programm wird im FHCL-Teil zur Lösung des sogenannten Knapsack-Problems benutzt werden.

Hornklauseln vs. PROLOG

An Hand einiger kleiner Beispiele soll aufgezeigt werden, daß die Auffassung, PROLOG sei Programmieren in Hornklausellogik, falsch ist.

Folgende Hornklauseln sollen als Programm zur Berechnung der Relation *bruder* aufgefaßt werden.

$$bruder(x,y) \leftarrow bruder(y,x) \qquad (1)$$
$$bruder(tick, trick) \leftarrow \qquad (2)$$
$$bruder(trick, track) \leftarrow \qquad (3)$$

Die Formel (1) drückt die Eigenschaft der Symmetrie der Relation aus, während in (2) und (3) bestimmte Elemente der Relation aufgeführt sind. Wird das Programm nun mit $\leftarrow bruder(trick, track)$ aufgerufen, erwarten wir wegen Formel (3) die Antwort *ja*. Wegen Formel (1) erwarten wir aber auch für $\leftarrow bruder(track, trick)$ eine positive Auskunft. Stellen wir uns jedoch (1) - (3) als PROLOG-Programm vor, wobei syntaktische Besonderheiten nicht berücksichtigt werden sollen, spielt die Reihenfolge der Aufschreibung der einzelnen Programmklauseln eine maßgebliche Rolle: Die Klauseln (1) - (3) werden von oben her auf ihre Anwendbarkeit überprüft. Dadurch wird zur Beantwortung der Frage $\leftarrow bruder(trick, track)$ als erstes die Klausel (1) mit der Substitution $trick = x$ und $track = y$ als anwendbar erkannt; dies führt zu einem Aufruf von $\leftarrow bruder(y,x)$ mit den genannten Variablenbindungen, also zu $\leftarrow bruder(track, trick)$. Auch bei der Abarbeitung dieses Aufrufs ist nun Klausel (1) anwendbar, wodurch man natürlich eine unendliche Berechnungsfolge erhält. Vertauschen von Klausel (1) und (3) würde offensichtlich dieses Terminierungsproblem lösen.

Die PROLOG-spezifische Abarbeitungsreihenfolge der Programmklauseln führt also zu Ergebnissen, die von der prädikatenlogischen Interpretation abweichen.

Erweitern wir unser kleines Beispiel um die folgende Klausel:

$$grosserbruder(x,y) \leftarrow ADD(ax,3,ay) \wedge \qquad (4)$$
$$greater(ax,16) \wedge$$
$$alter(ax,x) \wedge$$
$$alter(ay,y)$$

Als prädikatenlogische Formel kann (4) wie folgt interpretiert werden:

"x ist ein großer Bruder von y, wenn das Alter von x um drei größer als das von y und größer 16 ist."

Bei einer Interpretation als PROLOG-Programm können zwei Phänomene beobachtet werden:

- Zum einen wird in dieser Klausel ein sog. built-in Prädikat ADD verwendet. Es handelt sich hierbei um ein Prädikat, welches bereits im System definiert ist; in den meisten PROLOG-Systemen sind solche Prädikate sehr effizient in einer anderen Programmiersprache implementiert. Damit dies überhaupt möglich wird, ist zumeist ihre Verwendung dahingehend eingeschränkt, daß nur bestimmte Parameter uninstantiierte Variablen enthalten dürfen. Unter einer rein logischen Auffassung der Formel (4) wird durch $ADD(ax,3,ay)$ ein Paar ax und ay definiert, so daß ax um 3 kleiner als ay ist. Als PROLOG built-in Prädikat jedoch ist $ADD(ax,3,ay)$ undefiniert, wenn weder ax noch ay einen Wert haben. Genau dies ist aber der Fall, wenn wir die PROLOG-spezifische Abarbeitungsreihenfolge der Teilziele in (4) zugrundelegen. Sie werden damit nämlich von links nach rechts bearbeitet, so daß bei der Bearbeitung von $ADD(ax,3,ay)$ die Variablen ax und ay noch keinen Wert haben; den bekommen sie erst, wenn $alter(ax,x)$, bzw. $alter(ay,y)$ abgearbeitet ist.

- Selbst wenn aber nun diese implementierungsabhängige Einschränkung bezüglich der Parameter von ADD nicht berücksichtigt wird, ergibt sich auf Grund der Abarbeitungsreihenfolge der Teilziele des PROLOG-Programmes (4) ein bemerkenswertes Verhalten zur Laufzeit:

  Das System erzeugt ein Paar von Zahlen, testet dann, ob die erste davon größer als 16 ist, und überprüft erst dann, ob dieses erzeugte Zahlenpaar auch dem Alter von x und y entspricht. Wenn einer der Tests negativ ausgeht, wird ein neues Zahlenpaar erzeugt, und die Tests werden erneut durchgeführt.

Beide PROLOG-spezifischen Effekte sind natürlich nur auf Grund unserer "ungeschickten" Programmierung aufgetreten. Wir haben uns nämlich auf einen rein *deklarativen* Programmierstil eingelassen, ohne uns über die *prozeduralen* Aspekte

Gedanken zu machen. Wir wollten mit den Hornklauseln (1) bis (4) spezifizieren, *was* gemacht werden muß, und nicht, *wie* es gemacht werden soll. Im Fall des Prädikats *ADD* betraf dies die Verwendung eines built-in-Prädikats, welches tatsächlich als Funktion implementiert ist und daher nicht rein deklarativ benutzt werden kann. Die anderen Beispiele betrafen die Auswertungsreihenfolge von Klauseln bzw. Teilzielen in Klauseln.

Eine weitere Besonderheit läßt sich an Hand des folgenden kleinen Experiments erläutern:
Um mir das Setzen des vorliegenden Textes mit TEX zu erleichtern, wollte ich ein (TURBO-)PROLOG-Programm zur Konvertierung von Umlauten und Ähnlichem in TEX-spezifische Zeichenfolgen schreiben. Tatsächlich lief auch das folgende PROLOG-Programm – korrekt – in kürzester Zeit.

```
start:-
    write("Filename: "),
    readln(FileName),
    openread(input,FileName),
    concat(FileName,".tex",FileName2),
    openwrite(out,FileName2),
    writedevice(out),
    readdevice(input),
    inspect_positions.

inspect_positions:-
    not(eof(input)),
    readchar(Y),          /* Liest ein Zeichen */
    convert(Y),           /* Konvertiert ein Zeichen */
    inspect_positions.    /* Rekursives Durchlaufen des Files */

inspect_positions:-
    !,closefile(input),
    closefile(out).

convert('\"a'):-    ......
```

Als nun allerdings das Programm auf ein echtes Textfile angewendet werden sollte, zeigte sich, daß Korrektheit alleine nicht ausreicht: Für die Rekursion über die Zeichen des Eingabetextes kann es vorkommen, daß der Arbeitsspeicher des Systems nicht in allen Fällen ausreicht. Da das System diese *Tailrekursion* nicht selbständig eliminiert, andererseits aber auch kein Schleifenkonstrukt zur Verfügung steht, blieb mir nur die Möglichkeit, die Rekursion durch Backtracking zu ersetzen. Dabei wird die rekursive Klausel für `inspect_positions` durch das Folgende ersetzt:

```
inspect_positions:-
    repeat,
        readchar(Y),
        convert(Y),
    fail.

repeat:-
    not(eof(input)).

repeat:-
    not(eof(input)),
    repeat.
```

Die Frage nach dem Programmierstil dieses Programmes läßt sich nun leicht beantworten, wenn man es mit folgendem C-Programm vergleicht.

```
main(argc,argv)
    int argc;
    char *argv[];
{   FILE * f1, *f2;
    int c;
    f1 = fopen(...);
    f2 = fopen(...);

    while ( (c=fgetc(f1))!=EOF )
    { /* convertieren!! */
      fputc(c,f2);
    }
    fclose(f1); fclose(f2);
}
```

Selbst dem C-Unkundigen wird vielleicht die while-Schleife über die Eingabedatei eher einleuchten als der implizite Schleifenmechanismus im PROLOG-Programm. Dort muß nämlich der Backtracking-Mechanismus zusammen mit den Klauseln für `repeat` und `fail` verstanden werden, um die Schleife überhaupt zu erkennen.

Als Konklusion aus diesen Beispielen ist festzuhalten, daß sich in bestimmten Fällen Probleme ergeben, die sich *nicht* für eine deklarative Behandlung eignen – die Spezifikation liegt schon in einer prozeduralen Weise vor.

Zum anderen enthält PROLOG eine Vielzahl von prozeduralen Aspekten und Programmkonstrukten, deren Verwendung sich in den Fällen, die für eine deklarative Behandlung geeignet sind, eher störend auswirken.

Durch die Kombination von funktionalen (bzw. prozeduralen) Sprachen mit Hornklausellogik soll erreicht werden, daß die verschiedenen Programmierstile sich auch in der Verwendung von verschiedenen Sprachen niederschlagen.

Im folgenden soll ein kurzer Überblick über die Verwendung von Hornklausellogik (HCL) als Programmiersprache gegeben werden. Dazu wird im Abschnitt 1.1 die Syntax und Semantik von HCL angegeben. Eine gewisse Vertrautheit mit den Grundbegriffen der Prädikatenlogik und der logischen Programmierung wird dabei vorausgesetzt. Ausführliches dazu findet man z.B. in den beiden Lehrbüchern von Chang&Lee [CL73] und Lloyd [Llo84]. Anschließend wird im Abschnitt 1.2 diskutiert, wie die Gleichheit in Hornklauselkalküle eingebracht werden kann, und in Abschnitt 1.3 werden damit im Zusammenhang stehende Probleme angesprochen, die auftreten, wenn HCL als Programmiersprache verwendet werden soll.

1.1 Die Sprache der Hornklauseln: Syntax und Semantik von HCL

Wir betrachten paarweise disjunkte, abzählbare Mengen von *Variablen*, von *Funktions-* und *Prädikatensymbolen* gegebener *Stelligkeit*. 0-stellige Funktionssymbole werden auch *Konstanten* genannt.

Terme und *Atome* werden in der üblichen Weise gebildet.

Die folgende Tabelle erläutert notationelle Konventionen, wobei bei Bedarf die Symbole auch indiziert werden.

Konstanten	$a,b,...$	Menge von Atomen	D,F
Variablen	$x,y,...$	Hornklausel	P
Funktionssymbole	$f,g,...$	Menge von Hornklauseln	S
Prädikatensymbole	$p,q,...$	Zielklausel	G
Terme	$s,t,...$	Junktoren/Quantoren	$\vee, \wedge, \neg, \forall, \exists$
Atome	A,B,C		

Ein *Literal* ist ein Atom oder die Negation eines Atoms. Ein positives Literal ist ein Atom, ein negatives Literal ist die Negation eines Atoms. Eine *Klausel* ist eine Formel der Form

$$\forall x_1 ... \forall x_s (L_1 \vee ... \vee L_m)$$

wobei jedes L_i ein Literal ist und $x_1, ..., x_s$ alle Variablen sind, die in $L_1...L_m$ vorkommen. Im Bereich der logischen Programmierung ist es üblich, eine Klausel

1.1 Die Sprache der Hornklauseln: Syntax und Semantik von HCL

$$\forall x_1...\forall x_s(A_1 \vee ... \vee A_k \vee \neg B_1 \vee ... \vee \neg B_n)$$

mit den Atomen $A_1,...,A_k, B_1,...,B_n$ und den darin vorkommenden Variablen $x_1,...,x_s$ durch

$$A_1,...,A_k \leftarrow B_1,...,B_n$$

darzustellen.

Eine *Hornklausel* ist eine Klausel, welche höchstens ein positives Literal enthält; sie kann eine Programmklausel, eine Zielklausel oder auch die leere Klausel sein:

- Eine *Programmklausel* ist eine Klausel der Form

$$A \leftarrow B_1,...,B_n$$

welche genau ein positives Literal A enthält. A heißt der *Kopf* und $B_1,...,B_n$ der *Rumpf* der Programmklausel.

Eine *Unitklausel* oder ein *Faktum* ist eine Programmklausel der Form

$$A \leftarrow$$

welche also kein negatives Literal enthält.

- Eine *Zielklausel* ist eine Klausel der Form

$$\leftarrow B_1,...,B_n$$

welche also kein positives Literal enthält. Die Literale B_i einer Zielklausel heißen *Teilziele*.

- Die *leere Klausel* bezeichnen wir mit $\square$.

Ein *logisches Programm* (auch *HCL-Programm* genannt) ist eine endliche Menge S von Programmklauseln. Die maximale Teilmenge von S, die das gleiche Prädikatensymbol p im Kopf enthält, heißt die *Definition von p*.

Schließend sei noch die triviale Folgerung festgehalten, daß es für eine endliche Menge S von Klauseln entscheidbar ist, ob S eine Menge von Hornklauseln ist.

Im folgenden soll nun eine modelltheoretische und eine operationale Semantik für HCL-Programme angegeben werden. Für eine ausführliche Einführung in diese

Aspekte der formalen Logik sei auf die entsprechenden Lehrbücher, wie z.B. [CL73] oder [Llo84] verwiesen.

Eine *Substitution* ist eine Abbildung von der Menge der Variablen in die Menge der Terme. Die identische Abbildung, also die *leere Substitution*, bezeichnen wir mit ε. Substitutionen werden in naheliegender Weise zu Morphismen auf Termen, Literalen und Klauseln erweitert.

Mit *Domain* von σ (i.Z. Dom(σ)) bezeichnen wir die Menge $\{x | x\sigma \neq x\}$. Der *Codomain* von σ (i.Z. Cod(σ)) ist die Menge $\{x\sigma | x \in Dom(\sigma)\}$.
Die *Beschränkung* von σ auf eine Menge V von Variablen bezeichnen wir mit $\sigma|_V$.
Mit $Var(t)$ bezeichnen wir die Menge aller Variablen, die in t vorkommen.

s heißt ein *Beispiel* von t, g.d.w. es eine Substitution σ mit $s = t\sigma$ gibt. Ein Beispiel s von t heißt *Grundbeispiel* (oder *Grundinstanz*), wenn $Var(s) = \emptyset$ gilt. s und t heißen *Varianten*, wenn es σ und θ mit $s = t\sigma$ und $t = s\theta$ gibt. Die Komposition zweier Substitutionen wird wie üblich als $\theta\sigma$ notiert.

Eine Substitution σ heißt *Unifizierer* für s und t, g.d.w. $s\sigma = t\sigma$ gilt. σ heißt *allgemeinster* Unifizierer (*mgu*) für s und t, g.d.w. jeder Unifizierer für s und t als Komposition aus einer Substitution mit σ erhalten werden kann.

Schließlich sei noch der Begriff *Vorkommen O(t)* in einem Term t induktiv eingeführt:

$\Lambda \in O(t)$
$\pi \in O(t_i)$ impliziert $i \bullet \pi \in O(f(t_1, \ldots, t_i, \ldots, t_n)), 1 \leq i \leq n$

Vorkommen sind also endliche Wörter über einer Darstellung natürlicher Zahlen, wobei Λ das leere Wort und $\bullet$ die Konkatenation bezeichnet.

Für alle $\pi \in O(t)$ und beliebige s definieren wir die *Selektion eines Teiltermes $t|\pi|$* und die *Ersetzung eines Teiltermes $t|\pi \leftarrow s|$* durch:

$t|\Lambda| = t$
$f(t_1, \ldots, t_i, \ldots, t_n)|i \bullet \pi| = t_i|\pi|$
$t|\Lambda \leftarrow s| = s$
$f(t_1, \ldots, t_i, \ldots, t_n)|i \bullet \pi \leftarrow s| = f(t_1, \ldots, t_i|\pi \leftarrow s|, \ldots, t_n)$.

$t|\pi|$ heißt *Teilterm* von t bei π. Diese Definitionen werden in offensichtlicher Weise auf Atome erweitert.

Wir nehmen für das Folgende an, daß der Leser mit den wichtigsten Begriffen der mathematischen Logik, wie z.B. logische Konsequenz, (Herbrand-)Interpretation und (Herbrand-)Modell, vertraut ist.

1.1 Die Sprache der Hornklauseln: Syntax und Semantik von HCL

Mit $M(S)$ bezeichnen wir die Menge der Modelle von S. Wenn X eine Menge von Mengen ist, sei $\cap X$ der Durchschnitt aller Elemente von X.

Proposition 1.1 *Hornklauseln besitzen die "Modell-Durchschnittseigenschaft", d.h.: Für Mengen S von Hornklauseln gilt:* $\cap M(S) \in M(S)$

Als modelltheoretische Charakterisierung der Semantik von HCL legen wir fest:

Definition: Sei P eine Menge von Programmklauseln, dann ist $\mathcal{M}[\![P]\!]$, die *modelltheoretische Semantik* von P, gegeben als das kleinste Modell, also

$$\mathcal{M}[\![P]\!] = \cap M(P)$$

Zu beachten ist, daß in dieser Definition die semantische Funktion $\mathcal{M}$ nur für Programmklauseln definiert ist. Für beliebige Hornklauselmengen insbesondere, wenn darin Zielklauseln enthalten sind, wäre die Menge der Modelle unter Umständen leer. Dies wird deutlich mit folgendem Satz:

Satz 1.2 *Sei P eine Menge von Programmklauseln, $G = \leftarrow A_1,...,A_k$ eine Zielklausel und $G\,\theta$ eine Grundinstanz. Dann sind die folgenden Aussagen äquivalent:*

a) $(A_1 \wedge ... \wedge A_k)\theta$ ist eine logische Konsequenz von P.
b) $(A_1 \wedge ... \wedge A_k)\theta$ ist wahr in jedem Herbrandmodell von P.
c) $(A_1 \wedge ... \wedge A_k)\theta$ ist wahr im kleinsten Herbrandmodell von P.

Für eine operationale Semantik führen wir die *SLD-Resolution* ein: Eine *Berechnungsregel* ist eine Funktion über einer Menge von Zielen in eine Menge von Atomen. Der Wert der Funktion heißt ausgewähltes Atom für das vorgelegte Ziel.

Sei das Ziel $G_i = \leftarrow A_1, ..., A_m, ... A_k$, die Variante einer Programmklausel $C_{i+1} = A \leftarrow B_1, ..., B_q$ und eine Berechnungsregel R gegeben.

G_{i+1} wird aus G_i und C_{i+1} mittels mgu θ_{i+1} durch R abgeleitet, falls gilt:

A_m ist das von R ausgewählte Atom
$A_m \theta_{i+1} = A \theta_{i+1}$
$G_{i+1} = \leftarrow (A_1, ..., A_{m-1}, B_1, ..., B_q, A_{m+1}, ..., A_k)\theta_{i+1}$
G_{i+1} heißt (SLD-)Resolvente von G_i und C_{i+1}.

Sei P ein Programm, G ein Ziel und R eine Berechnungsregel. Eine *SLD-Ableitung* von $P \cup \{G\}$ durch R besteht aus:

einer Folge $G_0, G_1, \ldots$ von Zielen mit $G = G_0$,
einer Folge $C_1, C_2, \ldots$ von Varianten von Programmklauseln aus P
einer Folge $\theta_1, \theta_2, \ldots$ von mgu's,

so daß jedes G_{i+1} aus G_i und C_{i+1} mittels θ_{i+1} durch R abgeleitet ist. Dabei hat die Variante einer Programmklausel C_{i+1} keine Variable, die bereits in der Ableitung bis G_i vorkommt. (Dies kann durch Umbenennung, z. B. Indizierung, erreicht werden.)

Eine *SLD-Widerlegung* ist eine endliche SLD-Ableitung, in der das letzte Ziel die leere Klausel ist. (Wir sprechen dann auch von einer "erfolgreichen Ableitung"). Eine *R-berechnete Antwortsubstitution* θ für $P \cup \{G\}$ ist die Substitution, die man erhält, indem man die zu einer SLD-Widerlegung von $P \cup \{G\}$ durch R gehörende Folge von mgu's $\theta_1, \ldots, \theta_n$ komponiert und auf die Variablen von G beschränkt.

Sei P ein Programm, G die Zielklausel $\leftarrow A_1, \ldots, A_n$ und θ eine Antwortsubstitution für $P \cup \{G\}$. θ heißt eine *korrekte Antwortsubstitution*, wenn $\forall((A_1, \ldots, A_n)\theta)$ [2] eine logische Konsequenz aus P ist.

Satz 1.3 *Jede R-berechnete Antwortsubstitution ist korrekt.*

Ein zentrales Ergebnis der Theorie logischer Programmierung ist folgender Vollständigkeitssatz:

Satz 1.4 *Zu jeder korrekten Antwortsubstitution θ für $P \cup \{G\}$ existiert, bei unabhängig vorgegebenem R, eine R-berechnete Antwortsubstitution σ für $P \cup \{G\}$ und eine Substitution γ, so daß $\theta = \sigma\gamma|_{Var(G)}$.* [3]

Die *Erfolgsmenge* für ein Programm P ist die Menge M aller Elemente der Herbrandbasis, so daß $P \cup \{\leftarrow A\}$ mit $A \in M$ eine SLD-Widerlegung besitzt (beliebiges R; abhängig von A!).
Die *R-Erfolgsmenge* für ein Programm P ist die Menge M aller Elemente aus der Herbrandbasis, so daß $P \cup \{\leftarrow A\}$ mit $A \in M$ eine SLD-Widerlegung mittels R besitzt.

---

[2] $\forall F$ bezeichnet die Formel, die man erhält, wenn alle freien Variablen aus F allquantifiziert werden.

[3] Die Beschränkung auf die Variablen des Ziels fehlt fälschlicherweise in der Literatur. S. Hölldobler hat mich mit folgendem Beispiel darauf aufmerksam gemacht: Sei $p(f(y), a) \leftarrow$ ein logisches Programm und $\leftarrow p(x, a)$ ein Ziel. Offensichtlich ist $\sigma = \{x/f(a)\}$ eine korrekte Antwortsubstitution; die einzige berechnete Antwortsubstitution (modulo Variablenumbenennung) ist jedoch $\theta = \{x/f(y)\}$. Zu finden ist nun ein γ, so daß gilt: $\sigma = \theta\gamma$. Nun scheint $\{y/a\}$ ein Kandidat dafür zu sein; es gilt jedoch $\sigma \neq \{x/f(a), y/a\}$!

Satz 1.5 *Sei P ein Programm und R eine Berechnungsregel. Dann ist die R-Erfolgsmenge und die Erfolgsmenge gleich dem kleinsten Herbrandmodell von G.*

Dieser Satz, der die Vollständigkeit unabhängig von der Wahl der Berechnungsregel besagt, wird auch als *strenger* Vollständigkeitssatz bezeichnet. Er bildet die Grundlage für die folgende operationale Semantik.

Definition: Sei P eine Menge von Programmklauseln, dann ist $\mathcal{O}[\![P]\!]$, die *operationale Semantik* von P, die Erfolgsmenge von P.

Die Äquivalenz von modelltheoretischer und operationaler Semantik folgt unmittelbar aus Satz 1.5.

1.2 Behandlung der Gleichheit

Grundsätzlich existieren zwei verschiedene Methoden, um die Behandlung der Gleichheit in einen Logikkalkül einzubauen:

- Man fügt die Axiome der Gleichheit zu der zu behandelnden Formel hinzu und läßt die Inferenzregeln im Kalkül unverändert.

- Man fügt zu den Inferenzregeln eine neue Regel hinzu, welche in etwa besagt: "Ein Vorkommen eines Teiltermes in einer Klausel kann durch einen gleichen Term ersetzt werden." Die Formel dagegen bleibt unverändert.

Wenn wir die erste Methode auf unseren Fall der Hornklauseln übertragen, müssen wir zu einer gegebenen Menge S von Hornklauseln die folgende Axiomenmenge $EQA(S)$ hinzufügen:

$$EQ(x,x) \leftarrow \qquad (1)$$
$$EQ(x,y) \leftarrow EQ(y,x) \qquad (2)$$
$$EQ(x,z) \leftarrow EQ(x,y), EQ(y,z) \qquad (3)$$
$$EQ(f(x_1,\ldots,x_i,\ldots,x_n), f(x_1,\ldots,x_0,\ldots,x_n)) \leftarrow EQ(x_i,x_0) \qquad (4)$$
$$p(x_1,\ldots,x_i,\ldots,x_n) \leftarrow p(x_1,\ldots,x_0,\ldots,x_n), EQ(x_i,x_0) \qquad (5)$$

Eine Klausel der Form (4) muß dabei für jedes Funktionssymbol und eine Klausel der Form (5) für jedes Prädikatensymbol vorhanden sein. Die Klauseln der Formen (4) und (5) werden auch als *Substitutionsaxiome* bezeichnet.

Nun kann die Klauselmenge $S \cup EQA(S)$, wie im vorhergehenden Abschnitt beschrieben, mittels SLD-Resolution bearbeitet werden. Allerdings wird hierbei der Suchraum für die SLD-Widerlegung von S unter Berücksichtigung der Gleichheitstheorie $EQA(S)$ unerträglich aufgebläht. Für eine Implementierung kommt dieses Verfahren also offensichtlich nicht in Frage.

Die zweite Methode findet man in vielerlei Varianten in der Literatur. Hier soll eine Behandlung der Gleichheit mittels der zusätzlichen Inferenzregel *Paramodulation* behandelt werden. Weitere Verfahren sind ausführlich in [BB87] behandelt.

Arbeiten über Paramodulation sind annähernd so früh wie die ersten Arbeiten über automatische Beweisverfahren zu datieren (z.B. [RW69]). Dabei war das Ziel, vollständige Widerlegungssysteme für die volle Prädikatenlogik 1.Stufe anzugeben. So finden sich bereits in [CS71], aber auch im Lehrbuch von Chang und Lee ([CL73]), Vollständigkeitssätze über Resolution mit Paramodulation für die Prädikatenlogik 1. Stufe.

Diese Resultate sind jedoch nicht ohne weiteres für Hornklausellogik als logische Programmiersprache zu verwenden. Im Bereich des Theorembeweisens kommt der Hornklausellogik nämlich eine andere Rolle zu:
Aus Effizienzgründen war man (und ist man natürlich auch weiterhin) beim Implementieren von Beweisern bemüht, Strategien zu verwenden, welche es ermöglichen, den Suchraum einzuschränken. Dazu bietet sich die Unit- oder auch die Eingabe-Resolution zur Widerlegung einer Klauselmenge S an. Bei Unit-Resolution wird gefordert, daß mindestens eine Klausel, die zur Resolventenbildung herangezogen wird, eine Unitklausel ist. Bei Eingabe-Resolution muß mindestens eine der beiden beteiligten Klauseln eine *Eingabeklausel*, also aus der ursprünglich gegebenen Klauselmenge sein.
Beide Verfahren sind äquivalent: Wenn es eine Unit-Widerlegung einer Klauselmenge S gibt, dann existiert auch eine Eingabe-Widerlegung von S und umgekehrt. Ein konstruktiver Beweis dazu ist in [CL73] zu finden. Leider haben aber damit auch beide Verfahren den gleichen Nachteil, nämlich, daß sie für die Prädikatenlogik 1. Stufe nicht vollständig sind. Ein automatischer Beweiser kann sich also nicht allein auf diese Strategien stützen, zumindest nicht, wenn er vollständig sein soll.

Wenn man nun nach Kriterien sucht, um zu entscheiden, ob die Unit-Strategie zur Widerlegung einer gegebenen Klauselmenge ausreichend ist, kann natürlich die Existenz einer Eingabe-Widerlegung dieser Klauselmenge benutzt werden. Nur müßte zur Überprüfung dieses Kriteriums das *Semi*-Entscheidungsverfahren "hat Eingabe-Widerlegung" abgearbeitet werden. Sucht man aber ein entscheidbares Kriterium für die Vollständigkeit der beiden Strategien, bietet sich die Beschränkung auf Hornklauseln an: Unit- und Eingabe-Resolution auf Hornklauseln sind vollständig (vgl. dazu z.B. [HW74]).

1.2 Behandlung der Gleichheit

Eine wichtige Rolle der Hornklausellogik war demnach, daß sie als Entscheidungskriterium zur Strategieauswahl in automatischen Beweisern verwendet werden konnte.

Natürlich gibt es auch Aufsätze mit Vollständigkeitsresultaten für Unit-/Eingabe-Resolution mit Paramodulation auf Hornklauseln. So geben z.B. Henschen und Wos in [HW74] einen Vollständigkeitssatz für Resolution, Paramodulation und Faktorisierung für Hornklauselmengen, welche das Reflexivitätsaxiom sowie die funktional reflexiven Axiome enthalten.

Nun hat sich aber der Stellenwert der Hornklausellogik seit Mitte der 70er Jahre grundlegend geändert. Durch die Etablierung des Paradigmas der logischen Programmierung wurde in vielen Bereichen der Anwendungs-, aber auch der Systemprogrammierung deutlich, daß die Beschränkung der Prädikatenlogik auf Hornklauseln eine mächtige Programmiersprache darstellt. Als Abarbeitungsmechanismus kann dabei die leicht zu implementierende und (auf Hornklauseln) vollständige SLD-Resolution verwendet werden. Dabei kann insbesondere auf die Faktorisierungsregel verzichtet werden (vgl. [Hil74, Llo84]).

Wie das bereits erwähnte Resultat aus [HW74] aussagt, kann sogar die Gleichheit auf vollständige Weise mit Paramodulation behandelt werden – allerdings ist für diesen Beweis Faktorisierung notwendig. In [Fur87] ist erstmals bewiesen, daß die Faktorisierung auch in diesem Zusammenhang nicht notwendig ist.

Zur Präzisierung des bereits mehrmals verwendeten Begriffs "vollständig bezüglich der Gleichheit", sollen nun E-Modelle eingesetzt werden: Ein *E-Modell* für eine Hornklauselmenge S ist ein Modell für $S \cup EQA(S)$. Es sind also nur diejenigen Modelle von S auch E-Modelle, die auch die Gleichheitsaxiome $EQA(S)$ erfüllen. Mit $M_E(S)$ bezeichnen wir die Menge aller E-Modelle von S.

Proposition 1.6 *Hornklauseln besitzen die "E-Modell-Durchschnittseigenschaft", d.h.: Für Mengen S von Hornklauseln gilt:* $\cap M_E(S) \in M_E(S)$

Beweis: $S \cup EQA(S)$ ist eine Hornklauselmenge, demnach folgt aus der Modell-Durchschnittseigenschaft (Prop. 1.1), daß $\cap M_E(S) \in M(S)$ gilt. Da jedes E-Modell aus $M_E(S)$ die Axiome $EQA(S)$ erfüllt, gilt dies aber auch für den Durchschnitt. ∎

Eine Hornklauselmenge S heißt *E-unerfüllbar*, g.d.w. es kein E-Modell für S gibt.

Henschen und Wos beweisen in [HW74] zwei Sätze bezüglich der Vollständigkeit von Eingaberesolution für Hornklauseln. Der erste Satz ist eine schwache Version des Satzes 1.4. Er besagt nämlich, daß Eingaberesolution ohne die Faktorisierungsregel vollständig ist; im Satz 1.4 dagegen ist noch zusätzlich die Unabhängigkeit von der Berechnungsregel und ein Zusammenhang von der berechneten und einer korrekten

Antwortsubstitution behandelt worden. Der zweite Satz von Henschen und Wos dagegen geht auf die Vollständigkeit der Paramodulation ein. Dazu definieren wir Paramodulation nun als Eingabe-Paramodulation für Hornklauseln.

Definition: Seien $G = \leftarrow G_1, \ldots, G_i, \ldots, G_n$ eine Zielklausel, $D = EQ(s,t) \leftarrow D_1, \ldots, D_m$ eine neue Variante einer Eingabeklausel und $\pi \in O(G_i)$ mit $u = G_i|\pi|$.
Wenn u und s (bzw. u und t) mit mgu σ unifizierbar sind, heißt

$$(\leftarrow G_1, \ldots, G_i|\pi \leftarrow t|, \ldots, G_n, D_1, \ldots, D_m)\sigma$$

(bzw. $(\leftarrow G_1, \ldots, G_i|\pi \leftarrow s|, \ldots, G_n, D_1, \ldots, D_m)\sigma$) *Paramodulant von G und D bei π*.

Seien zum Beispiel die Zielklausel $\leftarrow p(f(a),x)$ und die Eingabeklausel $EQ(f(y),c) \leftarrow q(y)$ gegeben. Dann ist $\leftarrow p(c,x), q(a)$ ein Paramodulant beim Vorkommen 1 • 1.

Die *Faktorisierung* wird als unäre Inferenzregel eingeführt: Wenn C eine Klausel ist, so daß zwei oder mehrere Literale mit gleichem Vorzeichen einen mgu σ haben, heißt $C\sigma$ ein *Faktor* von C.

Schließlich sei noch der Begriff der *Widerlegung* definiert: Die Begriffe *Resolution*, *Ableitung* und *Widerlegung* ergeben sich aus den Definitionen für die entsprechenden Begriffe mit dem Präfix SLD-, indem keine Berechnungsregel vorausgesetzt wird. In der Literatur über allgemeine Beweisverfahren wird unser Begriff *Widerlegung* als *Eingabe-Widerlegung* bezeichnet. Für das folgende Vollständigkeitsresultat benötigen wir noch den Begriff der *funktional reflexiven Axiome*, womit die Fakten $EQ(f(x_1, \ldots, x_n), f(x_1, \ldots, x_n)) \leftarrow$ für jedes n-stellige Funktionssymbol f, $n \geq 1$, gemeint sind.

Satz 1.7 (Henschen&Wos) *Wenn S eine E-unerfüllbare Menge von Hornklauseln ist, die $EQ(x,x) \leftarrow$ zusammen mit ihren funktional reflexiven Axiomen enthält, existiert eine Eingabe-Widerlegung und eine Unit-Widerlegung mittels Resolution, Paramodulation und Faktorisierung.*

Henschen und Wos haben die Faktorisierungsregel aus folgendem Grund mit einbezogen: Für den Beweis der Existenz einer Unit-Widerlegung wurde ein Satz aus [CS71] benutzt, welcher wiederum die Faktorisierungsregel voraussetzt. Die Faktorisierung konnte auch ohne weiteres als Inferenzregel vorausgesetzt werden, da die Hornklauseln in erster Linie als Entscheidungskriterium für die Strategieauswahl

1.2 Behandlung der Gleichheit

verwendet wurde. Um ein ähnliches Ergebnis für den Bereich der logischen Programmierung verwendbar zu machen, muß natürlich die Faktorisierung vermieden werden. In [Fur87] wurde daher die folgende Verschärfung des vorangegangenen Satzes bewiesen.

Satz 1.8 *Wenn S eine E-unerfüllbare Menge von Hornklauseln ist, die $EQ(x,x) \leftarrow$ zusammen mit ihren funktional reflexiven Axiomen enthält, existiert eine Eingabe-Widerlegung mittels Resolution und Paramodulation.*

Beweisskizze: Aus Satz 1.7 folgt die Existenz einer Eingabe-Widerlegung mittels Resolution, Paramodulation und Faktorisierung. Hier soll skizziert werden, wie zu jeder Widerlegung mit Faktorisierung eine Widerlegung konstruiert werden kann, in welcher die Faktorisierung nicht verwendet wird.

Wenn in einer Klausel bei einer Faktorisierung L_1 und L_2 zu einem Literal L zusammengefaßt werden, muß für eine Widerlegung nur noch L "gelöst" werden. Wird die Faktorisierung nicht angewendet, muß die Ableitung, mit der L gelöst werden kann, zweimal ausgeführt werden, wobei jetzt nacheinander L_1 und L_2 gelöst werden.

Zur Konstruktion einer Ableitung ohne Faktorisierung, wird zu jedem Literal in der Ableitung mit Faktorisierung eine Menge von Literalen definiert, die genau die zusätzlich zu resolvierenden Literale enthält.

Diese Konstruktion trifft jedoch nur für Hornklauseln zu: In einem Resolutionsschritt kann nur eines der beiden beteiligten Literale durch Faktorisierung zustande gekommen sein, und zwar das negative. Faktorisierungen in Eingabeklauseln können nämlich nur negative Literale betreffen, da in Hornklauseln höchstens ein positives Literal vorhanden ist.

Nachdem eine Ableitung ohne Faktorisierung konstruiert ist, bleibt noch zu zeigen, daß die hier abgeleitete Klausel die in der mit Faktorisierung abgeleiteten Klausel subsumiert. ∎

In [Fur87] ist eine ausführliche und formale Fassung dieses Beweises angegeben. Dazu werden dort Sätze aus [CS71] benutzt, so daß der Leser den Beweis nachvollziehen und verifizieren kann; das Verständnis des gesamten Beweisganges wird jedoch durch die verwendeten "Fremdresultate" erheblich erschwert.

Deshalb ist in [FHS89a] noch einmal ein ausführlicher Beweis der Vollständigkeit für Paramodulation auf Horn-Gleichheitstheorien angegeben, der keinerlei Zwischenergebnisse aus der Theorembeweiser-Literatur benutzt. Vielmehr werden dort lediglich die üblichen Techniken aus dem Bereich der Logischen Programmierung, insbesondere die Fixpunktsemantik, verwendet. Hier soll nur noch auf die Notwendigkeit der funktional reflexiven Axiome hingewiesen werden. Im Zusammenhang mit Gleichungsprogrammen werden wir diese Frage nochmals ausführlicher behandeln.

1.3 HCL-Programme mit Gleichheit

Hier soll diskutiert werden, wie die Paramodulationsregel zur Behandlung der Gleichheit mit SLD-Resolution kombiniert werden kann.

Dem aufmerksamen Leser ist sicher nicht entgangen, daß die operationale Semantik von HCL mittels SLD-Widerlegungen eingeführt wurde, während im Zusammenhang mit der Gleichheit bisher nur Widerlegungen eine Rolle gespielt haben. Der Unterschied liegt dabei in der Verwendung einer Berechnungsregel: Während im Falle von SLD-Ableitungen von einer vorgegebenen, festen Berechnungsregel ausgegangen wird, spielt eine solche Festlegung bei Widerlegungen keine Rolle.

Die Vollständigkeit der SLD-Resolution konnte schließlich sogar unabhängig von der vorgegebenen Berechnungsregel bewiesen werden (vgl. Satz 1.4 und 1.5).

Um ein ähnliches Resultat für SLD-Resolution mit Paramodulation zu erhalten, müßte die Definition der Berechnungsregel erweitert werden. Dabei sind verschiedene Methoden denkbar:

1 Eine Berechnungsregel liefert ein Atom. Ob nun mit diesem Atom ein Resolutions– oder ein Paramodulationsschritt ausgeführt wird, bleibt offen. Insbesondere bleibt offen, an welchem Vorkommen im ausgewählten Atom paramoduliert werden soll.

2 Eine Berechnungsregel liefert ein Atom und legt fest, ob Resolution oder Paramodulation angewendet werden soll. Im Fall der Paramodulation bleibt jedoch offen, an welchem Vorkommen im ausgewählten Atom paramoduliert werden soll.

3 Eine Berechnungsregel liefert ein Atom und legt fest, ob Resolution oder Paramodulation angewendet werden soll. Im Falle der Paramodulation wählt sie darüber hinaus das Vorkommen im ausgewählten Atom aus, an welchem paramoduliert werden soll.

In den beiden letzten Fällen muß die Berechnungsregel natürlich "wissen", ob Paramodulation überhaupt auf ein Atom anwendbar ist.

Folgendes Trivialbeispiel zeigt, daß bei der starken Methode 3 sicher die Vollständigkeit verloren geht.

$EQ(a,b) \leftarrow$

1.3 HCL-Programme mit Gleichheit

Mit diesem Programm und einer Berechnungsregel, die $a, b, a, b, a, b, \ldots$ nacheinander auswählt, ergibt sich die folgende offensichtlich nicht terminierende Ableitung:

$$\leftarrow EQ(\underline{a}, b) \longrightarrow \quad \leftarrow EQ(\underline{b}, b) \longrightarrow \quad \leftarrow EQ(\underline{a}, b) \longrightarrow \quad \ldots$$

Aber auch die Methode 2 führt nicht zum Ziel. Betrachten wir das Programm

$$EQ(f(g(h(a))), c) \leftarrow$$
$$EQ(h(x), b) \leftarrow$$

und die Ableitung

$$\leftarrow P(\underline{f(y)}), Q(y) \longrightarrow \quad \leftarrow P(c), Q(g(\underline{h(a)})) \longrightarrow \quad \leftarrow P(c), Q(g(b))$$

Wenn nun eine andere Berechnungsregel als erstes das Atom $Q(y)$ auswählt und dabei die Anwendung der Paramodulation vorschreibt, taucht ein Problem auf, welches wir nochmals im Zusammenhang mit funktional reflexiven Axiomen diskutieren werden. Durch Vertauschen der obigen Paramodulationsschritte kann nämlich kein Atom der Form $Q(g(x))$ erzeugt werden. Es ist lediglich möglich, $Q(c)$ oder $Q(b)$ zu erzeugen. Erst durch vorheriges Anwenden des funktional reflexiven Axioms

$$EQ(g(x), g(x)) \leftarrow$$

und anschließende Paramodulation kann die Ableitung

$$\leftarrow P(f(y)), \underline{Q(y)} \longrightarrow \quad \leftarrow P(f(g(z))), Q(g(\underline{z})) \longrightarrow$$

$$\leftarrow P(\underline{f(g(h(x))))}), Q(g(b)) \longrightarrow \quad \leftarrow P(c), Q(g(b))$$

aufgestellt werden. Einfaches Vertauschen zweier Ableitungsschritte ist also nicht möglich; unter Umständen müssen neue Paramodulationsschritte, nämlich mit funktional reflexiven Axiomen, eingeführt werden. Also ist auch Methode 2 nicht unmittelbar geeignet, um unabhängig von der Berechnungsregel zu einem Vollständigkeitsresultat zu kommen.

Hölldobler führt in [Höl88] eine Ableitungsregel, die "Instantiierung", ein, welche genau solche Paramodulationsschritte mit funktional reflexiven Axiomen an Variablenvorkommen nachbildet. Damit kann Hölldobler schließlich eine weitere Regel,

"Instantiierung und Paramodulation" definieren, welche besagt, daß vor einem Paramodulationschritt endlich viele Instantiierungen vorgenommen werden dürfen. In dieser Regel werden sozusagen die zusätzlichen Ableitungsschritte, hier Instantiierungen genannt, versteckt. Für diese Regel ist dann die Vollständigkeit unabhängig von der Berechnungsregel bewiesen.

Für unseren Fall müßte zuerst ein Vollständigkeitsresultat für eine solche kombinierte Ableitungsregel – Instantiierungen und Paramodulation – bewiesen werden. Dann müßte für dieses Inferenzsystem ein "Lifting Lemma", ganz analog zu dem in [FHS89a] angegeben werden, und schließlich könnte dann mittels eines trivialen "Switching Lemmas" nach [Höl89] die Unabhängigkeit von einer Berechnungsregel bewiesen werden.

In diesem Buch wird Hornklausellogik mit Gleichheit zur Definition der Semantik an verschiedenen Stellen verwendet. Da dies immer mit modelltheoretischen Mitteln geschieht, stellen die Axiome der Gleichheit ein hervorragendes Hilfsmittel dar. Wir werden die Paramodulationsregel zur Einordnung und zum Vergleich anderer Ableitungsregeln in Abschnitt 5 heranziehen; hierzu ist das bisher angegebene Vollständigkeitsresultat ausreichend. Für diese Arbeit kann deshalb darauf verzichtet werden, den technisch aufwendigen Beweis der Vollständigkeit unabhängig von einer Berechnungsregel zu führen.

2 Die Kombination von HCL und funktionalen Sprachen

Die Diskussion über eine Charakterisierung von funktionalen Sprachen wird in verschiedenen Kontexten geführt. Sind z.B. real existierende LISP-Versionen funktionale Sprachen, wo doch hier durchaus imperative Konstrukte, wie SETQ vorhanden sind? Von einem puristischen Standpunkt aus gesehen, ist ein solches LISP-System prozedural, lediglich der Kern, also "pure"-LISP, kann als funktional, oder vielleicht besser als applikativ bezeichnet werden.

Andere Beispiele für funktionale Sprachen sind sicherlich Lambda-Kalküle, Kombinatoren ([Hen80]) oder FP nach Backus ([Bac78]). In unserem Zusammenhang spielt eine solche Charakterisierung von funktionalen oder applikativen Sprachen jedoch nur eine untergeordnete Rolle. Hier soll die Eigenschaft *funktional* einen Kontrast zur *relationalen*, also logischen Sprache setzen. Im Prinzip spielt die Beschaffenheit der Sprache überhaupt keine Rolle, vorausgesetzt, sie kann zur Definition von Funktionen über den Termen der Hornklausellogik verwendet werden.

Es soll deshalb in Abschnitt 2 auch keine spezielle funktionale Sprache definiert oder ausgewählt werden; vielmehr wollen wir ein Schema verwenden, welches es ermöglicht die Kombination von (fast) beliebigen Sprachen mit Hornklausellogik zu definieren. Im weiteren Verlauf kann dieses Schema dann auf verschiedene Arten instantiiert werden.

Zur Behandlung des folgenden kleinen Beispiels wollen wir Gleichungen als Funktionsdefinitionen annehmen. Dies geschieht ganz im Stil einer üblichen mathematischen Notation, in der z.B. die Fakultätsfunktion durch die folgenden drei Gleichungen dargestellt wird.

$$
\begin{aligned}
fac(0) &= 1 \\
fac(1) &= 1 \\
fac(n+1) &= n * fac(n)
\end{aligned}
$$

Hierbei sind die Funktionen + und * in Infixschreibweise notiert; ansonsten bestehen die beiden Seiten der Gleichungen aus Termen, wie sie auch schon im Hornklauselteil eingeführt wurden. Wichtig ist hierbei die Kennzeichnung von *definierten Funktionssymbolen*, wie z.B. *fac*. Die Gleichungen müssen nämlich derart beschaffen sein, daß die linke Seite nur ein definiertes Funktionssymbol enthält. Mit dieser Einschränkung lassen sich die Gleichungen sowohl als definierende Gleichungen für Funktionen, aber auch als Programme, die abgearbeitet werden können, interpretieren. Dieser Sachverhalt wird im Abschnitt 5 über Termersetzungssysteme genauer behandelt. Für die Beispiele dieses Abschnittes genügt ein intuitives Verständnis solcher Funktionsdefinitionen.

Im folgenden wird zunächst die Kombination von funktionalen Sprachen und HCL formal beschrieben. Die Methode ist bereits in [FH86] verwendet. Dort ist auch ein erweiterter Unifikationsalgorithmus zusammen mit einem Beweis seiner Korrektheit gegeben. Ziel dieses Abschnittes ist es, in einer allgemeineren Weise einen Unifikationsalgorithmus und die SLD-Resolution zu erweitern. Diese Erweiterung stellt ein Schema, das FHCL-Schema, für die Kombination von funktionalen Sprachen mit HCL-Programmen dar, dessen Korrektheit und, im Gegensatz zu [FH86], Vollständigkeit auch unter bestimmten Voraussetzungen bewiesen wird. Dieses Vorgehen ist in [FH88] bereits angedeutet und soll hier präzisiert und formalisiert werden.

Abschließend diskutieren wir dann die wichtigsten Ansätze zur Kombination von funktionalen und logischen Sprachen aus der Literatur als Instantiierungen unseres FHCL-Schemas.

2.1 Formale Spezifikation der Kombination

In einem ersten Schritt definieren wir nun ein Schema für eine Programmiersprache. Diese (Schema-) Sprache FL wird in der folgenden Definition durch eine syntaktische und eine semantische Bedingung bestimmt. Die syntaktische Einschränkung dient zur Kombination mit HCL über der Menge der Konstanten und der Variablen. Die semantische Einschränkung soll die Eigenschaft *funktional* präzisieren: Programme, deren denotationale Semantik eine Funktion über Termen ist, sollen als funktional verstanden werden.

Definition: Gegeben seien die abzählbaren Mengen von Funktionssymbolen F_{FL} mit gegebener Stelligkeit, von Konstanten C und und von Variablen V. $TERM$ sei die Menge von Termen über F_{FL}, C und V.

- FL sei eine formale Sprache, so daß *def f* genau dann ein Programm in FL bezeichnet, wenn $f \in F_{FL}$ gilt.

2.1 Formale Spezifikation der Kombination

- Bezüglich der Semantik von FL setzen wir eine semantische Funktion $\mathcal{V}$ voraus, wobei $\mathcal{V}[\![def\ f]\!]$ eine n-stellige Funktion über $TERM$ ist, wenn f n-stellig ist.
  Wir nehmen dabei an, daß für $\mathcal{V}[\![def\ f]\!](t_1,\ldots,t_n) = t$, gilt:
  $Var(t) \subseteq Var(t_1) \cup \ldots \cup Var(t_n)$.

$def\ f$ kann also als Bezeichnung für eine Klasse von FL-Programmen mit dem Namen f angesehen werden, deren Bedeutung sich durch die semantische Funktion $\mathcal{V}$ ergibt. Beispiele für FL sind LISP[4] mit *eval* als Semantik oder Termersetzungssysteme mit der *reduce*- bzw. *rewrite*-Relation.

Für eine Kombination gehen wir nun von einer Hornklausel-Sprache HCL aus, wobei die Menge der Konstanten C und der Variablen V gleich den entsprechenden Mengen aus FL sind. Die Menge F der Funktionssymbole aus HCL soll eine Obermenge der entsprechenden Menge aus F_{FL} sein: $F_{FL} \subseteq F$.

Die Kombination von FL und HCL soll nun derart geschehen, daß Funktionsdefinitionen aus FL eine Art funktionale Umgebung für HCL-Programme darstellen. Mit anderen Worten: Ein HCL-Programm kann die Funktionsdefinitionen seiner Umgebung benutzen, die Funktionsdefinitionen jedoch "wissen" nichts davon, daß sie mit HCL-Programmen kombiniert sind. Dieses nur einseitige Zugriffsrecht ist durchaus beabsichtigt und wurde bereits in der Einführung ausführlich motiviert.

Definition: Die Kombination von FL und HCL ist die Menge FHCL aller Paare (FP, LP), wobei $FP = \{def\ f_1, \ldots, def\ f_n\}$ mit $\forall 1 \leq i \leq n : def\ f_i \in FL$ gilt und LP ein HCL-Programm ist. Die Elemente aus FHCL heißen *FHCL-Programme*, wobei im folgenden der Präfix FHCL weggelassen wird, wenn dadurch keine Verwechslungen auftreten können.

Die Semantik von FHCL-Programmen soll hier deklarativ definiert werden. Diese Festlegung kann dann als Spezifikation für eine operationale Semantik dienen.
Wir werden allerdings die Semantik eines Programmes (FP, LP) nicht unmittelbar angeben, sondern es mittels einer Transformation in ein HCL-Programm LP' überführen. Die Semantik von LP' kann dann mit der üblichen modelltheoretischen Methode aus Abschnitt 1 beschrieben werden. Dabei ist zu beachten, daß die Transformation eines FHCL-Programmes in ein HCL-Programm nur die deklarative Semantik festlegt. Die Abarbeitung eines FHCL-Programmes soll dann natürlich ohne diese Transformation erfolgen. Das Diagramm in Abbildung 1 stellt das Vorgehen graphisch dar; wenn wir eine operationale Semantik angeben, wird das Diagramm vervollständigt.

---

[4]Dabei sind Programme mit Seiteneffekten, die dazu führen, daß die Semantik keine Funktion mehr ist, durch die Bedingung an $\mathcal{V}$ ausgeschlossen.

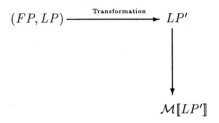

Abb. 1: Transformation zur Definition der Semantik von (FP, LP)

Für die Transformation wird der funktionale Teil FP eines Programmes (FP, LP) in eine Menge von Hornklauseln umgeformt. Dazu benötigen wir folgende Definitionen:

Definition: Der Graph eines FP-Programmmes $def\ f$ ist die folgende, potentiell unendliche Menge $graph(def\ f)$ von Hornklauseln:

$$graph(def\ f) = \{EQ(f(t_1, \ldots, t_n), t) \leftarrow \ |\ \mathcal{V}[\![def\ f]\!](t_1, \ldots, t_n) = t\}$$

Definition: Der *funktionale Abschluß* eines FHCL-Programmes (FP, LP) mit $FP = \{def\ f_1, \ldots, def\ f_n\}$ ist die Menge $fcl(FP, LP)$:

$$fcl(FP, LP) = LP \cup EQA \cup FUN$$

wobei EQA die Menge aller Gleichheitsaxiome für Funktionssymbole aus FP und LP und für Prädikatensymbole aus LP ist und

$$FUN = graph(def\ f_1) \cup \ldots \cup graph(def\ f_n)$$

gilt.

Schließlich kann nun die deklarative, modelltheoretische Semantik eines FHCL-Programmes angegeben werden.

Definition: Die *Denotation eines FHCL-Programmes* (FP, LP) ist gegeben durch

$$\mathcal{M}[\![(FP, LP)]\!] = \cap M(fcl(FP, LP))$$

2.1 Formale Spezifikation der Kombination

Die im obigen Diagramm angedeutete Konstruktion ist somit abgeschlossen, wobei fcl die Transformation in ein Hornklauselprogramm durchführt und die zuletzt angegebene Definition lediglich noch das kleinste Modell der Hornklauselmenge $fcl(FP, LP)$ als Denotation auszeichnet. Natürlich muß durch die Transformation fcl die Semantik der Funktionen aus FP erhalten bleiben:

Proposition 2.1 *Die Semantik eines Funktionssymbols f aus FP in $\mathcal{M}[\![(FP,LP)]\!]$ ist gleich der Semantik, die durch $\mathcal{V}[\![def\ f]\!]$ gegeben ist.*

Beweis: Die Semantik von f in $\mathcal{M}[\![(FP,LP)]\!]$ ist durch das kleinste Modell für $fcl(FP, LP)$ gegeben. In fcl wiederum geht die Semantik per Definition durch den $graph(def\ f)$ ein. Für jedes Paar von Argument und Wert $\mathcal{V}[\![def\ f]\!](t_1,\ldots,t_n) = t$ wird nämlich eine Unitklausel $EQ(f(t_1,\ldots,t_n),t) \leftarrow$ erzeugt. Die Grundinstanzen dieser Unitklauseln sind nun aber in jedem – also auch im kleinsten Modell – enthalten.
∎

Natürlich kann nun der Menge $fcl(FP, LP)$ analog zum Vorgehen im Abschnitt 1 eine operationale Semantik $\mathcal{O}[\![fcl(FP,LP)]\!]$ zugeordnet werden. Es gilt nämlich trivialerweise:

Proposition 2.2 *Die modelltheoretische Semantik eines FHCL-Programmes (FP, LP) ist gleich $\mathcal{O}[\![fcl(FP,LP)]\!]$.*

Eine solche Semantik soll im folgenden jedoch nicht als "operational" bezeichnet werden. Die Transformation fcl benutzt die semantische Funktion $\mathcal{V}$ von FL. Damit kann dann zwar der Menge $fcl(FP, LP)$ eine Erfolgsmenge als Semantik zugeordnet werden, sie basiert jedoch noch auf der denotationalen Semantik $\mathcal{V}$.

Im folgenden Abschnitt wird eine operationale Semantik mittels eines erweiterten Unifikationsalgorithmus diskutiert.

Zuvor sei jedoch die Semantik von FHCL an Hand eines Beispiels demonstriert. Dazu wählen wir als funktionale Sprache die Menge der Gleichungen über F_{FL}, C und V.

Als FL-Programm seien zwei Gleichungen zur Definition der Addition über natürlichen Zahlen gegeben. Die natürlichen Zahlen werden dabei mittels der Konstante 0 und dem Konstruktor (einem Funktionssymbol) s dargestellt. Das Hornklauselprogramm kann benutzt werden, um die Knotenanzahl in einem Binärbaum zu berechnen. Für die Darstellung von Binärbäumen sei verabredet, daß $maketree(L, N, R)$

als Baum mit linkem Unterbaum L, rechtem Unterbaum R und der Wurzel N aufgefaßt werden soll.[5]

FL_1 :
$$0 + x = x$$
$$s(x) + y = s(x+y)$$

HCL_1 :
$$nodes(nil, 0) \leftarrow$$
$$nodes(maketree(L, N, R), +(+(NL, NR), s(0))) \leftarrow$$
$$\quad nodes(L, NL),$$
$$\quad nodes(R, NR)$$

Als Zielklausel sei

$$\leftarrow nodes(maketree(nil, 0, maketree(nil, 0, nil)), x)$$

gegeben. Mittels der zweiten Klausel aus dem HCL-Teil kann hieraus mit einem SLD-Ableitungsschritt die neue Zielklausel

$$\leftarrow nodes(nil, NL), nodes(maketree(nil, 0, nil), NR)$$

zusammen mit der Substitution

$$\sigma_1 = \{L/nil, N/0, R/maketree(nil, 0, nil), x/+(+(NL, NR), s(0))\}$$

abgeleitet werden. Nach weiteren SLD-Ableitungsschritten erhält man schließlich die Substitutionen

$$\sigma_2 = \{NL/0\}$$

und

$$\sigma_3 = \{NR/s(0)\}$$

---

[5]In Programmen weichen wir bei Bedarf von der Konvention, Variablen nur durch kleine Buchstaben x,y,... darzustellen, ab.

2.1 Formale Spezifikation der Kombination

und die leere Klausel. Als berechnete Antwortsubstitution ergibt sich damit

$$\sigma = \{x/ + (+(0, s(0)), s(0))\}.$$

Diese Widerlegung konnte ohne Benutzung des FL-Programmes zur Addition zweier natürlicher Zahlen gefunden werden. Man könnte es allenfalls im nachhinein zur Reduzierung der Antwortsubstitution σ benutzen, um $\sigma' = \{x/s(s(0))\}$ zu erhalten.

Untersuchen wir jedoch eine Widerlegung der Zielklausel

$$\leftarrow nodes(T, s(0))$$

stellen wir sofort fest, daß kein Resolutionsschritt ausgeführt werden kann, da keiner der beiden Klauselköpfe aus dem HCL-Teil mit diesem Ziel unifizierbar ist.

In der modelltheoretischen Semantik ist jedoch die Existenz der Unitklausel

$$EQ(+(0, s(0)), s(0)) \leftarrow$$

sowie der Axiome der Gleichheit vorausgesetzt.

Die Unitklausel ist Teil des Graphs für die Definition der Funktion +. Wenn wir die natürliche Zahl n als Abkürzung für den Term $s(...s(0)...)$ mit n Vorkommen von s auffassen, können wir den funktionalen Abschluß für unser Beispiel, also $fcl(Fl_1, HCL_1)$ folgendermaßen skizzieren:

$EQ(+(0,0),0) \leftarrow$	(F1)
$EQ(+(0,1),1) \leftarrow$	(F2)
$EQ(+(1,0),1) \leftarrow$	(F3)
$EQ(+(0,2),2) \leftarrow$	(F4)
$\vdots$	$\vdots$
$EQ(+(x,y),+(z,y)) \leftarrow EQ(x,z)$	(S1)
$nodes(x,y) \leftarrow nodes(z,y), EQ(x,z)$	(S2)
$EQ(x,z) \leftarrow EQ(x,y), EQ(y,z)$	(T)
$EQ(x,y) \leftarrow EQ(y,x)$	(S)

Dazu kommt noch die Definition für *nodes* aus HCL_1. Wir können nun in $fcl(FL_1, HCL_1)$ eine Widerlegung konstruieren:

$\leftarrow nodes(T,1)$

$\quad\quad\downarrow \quad S2$

$\leftarrow nodes(T,Z), EQ(Z,1)$

$\quad\quad\downarrow \quad HCL_1, \sigma_1=\{T/maketree(L,N,R),Z/(+(+(NL,NR),1))\}$

$\leftarrow nodes(L,NL), nodes(R,NR), \underline{EQ(+(+(NL,NR),1),1)}$

$\quad\quad\downarrow \quad T$

$\leftarrow nodes(L,NL), nodes(R,NR), \underline{EQ(+(+(NL,NR),1),y1)}, EQ(y1,1)$

$\quad\quad\downarrow \quad S1, \sigma_2=\{x/+(NL,NR),y/1,y1/+(z,1)\}$

$\leftarrow nodes(L,NL), nodes(R,NR), EQ(+(NL,NR),Z), \underline{EQ(+(Z,1),1)}$

$\quad\quad\downarrow \quad F2, \sigma_3=\{Z/O\}$

$\leftarrow nodes(L,NL), nodes(R,NR), \underline{EQ(+(NL,NR),0)}$

$\quad\quad\downarrow \quad F1, \sigma_4=\{NL/0,NR/0\}$

$\leftarrow nodes(L,0), nodes(R,0)$

$\quad\quad\downarrow \quad HCL_1, \sigma_5=\{L/nil\}$

$\leftarrow nodes(R,0)$

$\quad\quad\downarrow \quad HCL_1, \sigma_6=\{R/nil\}$

$\quad\quad\square$

Zu beachten ist, daß in obiger Widerlegung nicht die gesamten Unifizierer angegeben sind; nur die zum Verständnis der Ableitung notwendigen Teile sind durch die Substitutionen σ_i notiert. Insgesamt ergibt sich als berechnete Antwortsubstitution

$$\sigma = \{T/maketree(nil, N, nil)\}.$$

Im Beispiel wird deutlich, daß die meisten Ableitungsschritte mittels Klauseln aus dem Graphen von + oder aus der Axiomenmenge zustande gekommen sind. Die operationale Semantik mittels erweiterter Resolution wird nun diese Schritte weitgehend während der Unifikation ausführen. Dazu führen wir nun im folgenden Abschnitt die erweiterte Unifikation ein.

2.2 Erweiterte Unifikation

Im folgenden sei (FP, LP) ein FHCL-Programm. Ein Funktionssymbol heißt *Konstruktor*, wenn es kein *definiertes Funktionssymbol* ist, d.h. wenn es dafür keine Definition $(def\ f)$ im FP-Teil des FHCL-Programmes gibt. Ein Funktionssymbol heißt *zerlegbar*, g.d.w. gilt:
Wenn $EQ(f(s_1,\ldots,s_n), f(t_1,\ldots,t_n))$ eine logische Konsequenz aus $fcl(FP, LP) \cup EQA(fcl(FP, LP))$, dann ist auch $\forall 1 \leq i \leq n : EQ(s_i, t_i)$ eine logische Konsequenz aus $fcl(FP, LP) \cup EQA(fcl(FP, LP))$.

Man beachte, daß für Konstruktoren die Zerlegbarkeit unmittelbar aus dem entsprechenden Substitutionsaxiom für diesen Konstruktor folgt.

Wir erweitern zunächst die Valuationsfunktion $\mathcal{V}$ der funktionalen Sprache FL homomorph durch die folgende Definition für *eval*. Dabei werden Terme gemäß der Funktion $\mathcal{V}$ ausgewertet, wenn immer dies möglich ist.

Definition: Die Funktion *eval* ist durch die folgende Induktion gegeben.

- $eval(s) = s$,
  wenn s eine Variable oder Konstante ist
- $eval(f(t_1,\ldots,t_n)) = \mathcal{V}[\![def\ f]\!](t_1,\ldots,t_n)$,
  wenn f ein Funktionssymbol mit $(def\ f) \in FP$ ist und $\mathcal{V}[\![def\ f]\!](t_1,\ldots,t_n)$ definiert ist
- $eval(f(t_1,\ldots,t_n)) = f(eval(t_1),\ldots,eval(t_n))$,
  wenn f ein Funktionssymbol mit $(def\ f) \in FP$ ist und $\mathcal{V}[\![def\ f]\!](t_1,\ldots,t_n)$ nicht definiert ist
- $eval(X(t_1,\ldots,t_n)) = X(eval(t_1),\ldots,eval(t_n))$, wenn X ein Prädikatensymbol oder ein Konstruktor ist
- $eval(\{X_1,\ldots,X_n\}) = \{eval(X_1),\ldots,eval(X_n)\}$,
  wenn $\forall 1 \leq i \leq n : X_i$ Term oder Atom ist.

Die erweiterte Unifikation zweier Atome wird nun nach Martelli und Montanari ([MM82]) als Transformation einer Menge von Gleichungen mittels der Hilfsfunktion *solve* definiert.

Definition: Die Funktion *E-unify* ist definiert durch:

$E\text{-}unify(P(s_1,\ldots,s_m), Q(t_1,\ldots,t_n)) =$
  if $P \neq Q \vee n \neq m$ then $failure$ else
    $solve(\{EQ(eval(s_i), eval(t_i)) \mid 1 \leq i \leq n\})$

solve führt nun die eigentliche Transformation von Gleichungen aus:

Gegeben sei eine Menge F von Gleichungen der Form $EQ(s,t)$; *solve* wendet so oft wie möglich eine der folgenden, mit "$\Longrightarrow$" notierten, Transformationsregeln an:

- Variablenelimination: Wenn x keine Variable aus t ist, gilt
  $F \cup \{EQ(x,t)\} \Longrightarrow eval(F\{x/t\})$, bzw.
  $F \cup \{EQ(t,x)\} \Longrightarrow eval(F\{x/t\})$
- Dekomposition: Wenn f ein zerlegbares Funktionssymbol ist, gilt
  $F \cup \{EQ(f(s_1,\ldots,s_n), f(t_1,\ldots,t_n))\} \Longrightarrow F \cup \{EQ(s_i, t_i) \mid 1 \leq i \leq n\}$
- Elimination von trivialen Gleichungen:
  $F \cup \{EQ(t,t)\} \Longrightarrow F$
- Failure: Wenn c und d verschiedene Konstruktoren sind, gilt
  $F \cup \{EQ(c(s_1,\ldots,s_m), d(t_1,\ldots,t_n))\} \Longrightarrow failure$

Bei jeder Anwendung der Regel Variablenelimination wird die erhaltene Substitution mit den vorangegangenen komponiert, so daß eine Anwendung von *solve* auf eine Menge von Gleichungen F eine Substitution σ und eine Restmenge F' als Ergebnis liefert:

$$solve(F) = (\sigma, F')$$

Der Hauptschritt erfolgt hier offensichtlich durch die Variablenelimination, wo nämlich Gleichungen durch Substitutionen mit anschließendem Auswerten durch *eval* ersetzt werden. Die Terminierung des Verfahrens erhalten wir durch:

Lemma 2.3 *Unabhängig von der Reihenfolge, in der die Regeln angewendet werden, terminiert jeder Aufruf von solve.*

Beweis: Folgende wohl-fundierte Menge über Paaren natürlicher Zahlen $(N^2, \prec)$ wird für den Terminierungsbeweis verwendet:

$(n, m) \prec (n', m')$ g.d.w.
$n < n'$ oder falls $n = n'$ dann $m < m'$ gilt.

Sei nun $\#v$ die Anzahl von Variablen und $\#s$ die Anzahl von Vorkommen von Symbolen (Konstanten -, Variablen- und Funktionssymbolen) in $F \cup \{EQ(s,t)\}$. Jede der Transformationsregeln verringert das Paar $(\#v, \#s)$ unter $\prec$:
Im Falle der Variablenelimination ist die Anzahl $\#v$ der Variablen von $F \cup \{EQ(x,t)\}$ offensichtlich größer als die Anzahl $\#v'$ von Variablen in $F' = F\{x/t\}$. Wenn nun

2.2 Erweiterte Unifikation

eval auf F' angewendet wird, kann aufgrund der Variablenbedingung aus der Definition von FP keine neue Variable eingeführt werden.
Im Falle der Dekomposition bleibt $\#v$ unverändert, jedoch wird $\#s$ verkleinert und beim Anwenden der Elimination von trivialen Ausdrücken wird entweder $\#v$ verkleinert, falls der Term des trivialen Ausdrucks $EQ(t,t)$ Variablen enthält, die in F keine Vorkommen mehr haben, oder wenn dies nicht der Fall ist, bleibt $\#v$ unverändert und $\#s$ nimmt ab.

∎

In den beiden folgenden Lemmata wird gezeigt, daß die Wirkung von *eval* und *solve* durch SLD-Ableitungen simuliert werden kann, wenn der funktionale Abschluß des FHCL-Programms zugrunde gelegt wird. Diese Eigenschaft kann dann später für den Beweis der Korrektheit der erweiterten Resolution verwendet werden.

Lemma 2.4 *Sei $\leftarrow G$ eine Zielklausel, dann existiert eine SLD-Ableitung von $\leftarrow G$ nach $\leftarrow eval(G)$ bzgl. $fcl(FP, LP)$. Ferner gilt $\sigma_1 \ldots \sigma_n |_{Var(G)} = \varepsilon$, wobei $\sigma_1, \ldots, \sigma_n$ die mgu's aus dieser Ableitung sind.*

Beweis: Wir beschränken uns auf den Fall $G = P(t_1, \ldots, t_n)$ und zeigen mittels struktureller Induktion, daß gilt:

$$\leftarrow P(t_1, \ldots, t_i, \ldots, t_n) \xrightarrow{*} \leftarrow P(t_1, \ldots, eval(t_i), \ldots, t_n)$$

- Falls t_i eine Konstante oder eine Variable ist, ergibt sich sofort die Behauptung.
- Sei $t_i = f(s_1, \ldots, s_m)$ mit $(def\ f) \in FP$ und
  $$eval(t_i) = \mathcal{V}[\![def\ f]\!](s_1, \ldots, s_m) = t,$$
  dann existiert eine Klausel $EQ(f(s_1, \ldots, s_m), t) \leftarrow$ in $fcl(FP, LP)$ und die folgende Ableitung:

  $$\leftarrow P(t_1, \ldots, t_i, \ldots, t_n)$$
  $\big\downarrow$ Substitutionsaxiom für P
  $$\leftarrow P(t_1, \ldots, x, \ldots, t_n), EQ(t_i, x)$$
  $\big\downarrow$ obige Klausel aus fcl
  $$\leftarrow P(t_1, \ldots, t, \ldots, t_n)$$

Offensichtlich ist in keinem der mgu's eine Substitution für $Var(P(t_1, \ldots, t_i, \ldots, t_n))$ enthalten.

- Sei $t_i = f(s_1, \ldots, s_m)$, so daß entweder $\mathcal{V}[\![def\ f]\!](s_1, \ldots, s_m)$ nicht definiert ist oder f ein Konstruktor ist; dann gilt:

$$eval(f(s_1, \ldots, s_m)) = f(eval(s_1), \ldots, eval(s_m))$$

Wir konstruieren folgende Ableitung:

$\leftarrow P(t_1, \ldots, f(s_1, \ldots, s_m), \ldots, t_n)$

$\downarrow$ Substitutionsxiom für P

$\leftarrow P(t_1, \ldots, x, \ldots, t_n), EQ(f(s_1, \ldots, s_m), x)$

$\downarrow$ Substitutionsxiom für f, Stelle j

$\leftarrow P(t_1, \ldots, f(s_1, \ldots, x_j, \ldots, s_m), \ldots, t_n), EQ(s_j, x_j)$

$\downarrow$ Induktionsvoraussetzung

$\vdots$

$\downarrow$

$\leftarrow P(t_1, \ldots, f(s_1, \ldots, x_j, \ldots, s_m), \ldots, t_n), EQ(eval(s_j), x_j)$

$\downarrow$ EQ(x,x)$\leftarrow$

$\leftarrow P(t_1, \ldots, f(s_1, \ldots, eval(s_j), \ldots, s_m), \ldots, t_n)$

Da auch hier in keinem der mgu's Substitutionen für $Var(P(t_1, \ldots, f(s_1, \ldots, s_m), \ldots, t_n))$ enthalten sind, läßt sich dieses Vorgehen für jedes $1 \leq i \leq n$ durchführen.

∎

Lemma 2.5 *Sei F eine Menge von Gleichungen. Wenn solve(F) erfolgreich mit (σ, E) terminiert, existiert eine SLD-Ableitung von $\leftarrow F$ nach $\leftarrow E$ bzgl. fcl(FP, LP). Ferner gilt $\sigma_1 \ldots \sigma_n \mid_{Var(F)} = \sigma \mid_{Var(F)}$, wobei $\sigma_1, \ldots, \sigma_n$ die mgu's aus dieser Ableitung sind.*

Beweis: Wir zeigen, daß sich jede Anwendung einer Transformationsregel durch eine SLD-Ableitung nachbilden läßt.

- Variablenelimination: F hat die Form $F' \cup EQ(x,t)$
  $F' \cup \{EQ(x,t)\} \Longrightarrow eval(F'\{x/t\})$
  Mit der neuen Variante $EQ(y,y) \leftarrow$ des Reflexivitätsaxioms aus EQA und dem mgu $\sigma_1 = \{x/t, y/t\}$ kann demnach die Resolvente $F'\{x/t, y/t\}$ gebildet

2.2 Erweiterte Unifikation

werden. Da y in F' nicht vorkommt ist dies gleich $F'\{x/t\}$, d.h. $\sigma_1 |_{Var(F)} = \sigma$
Die Existenz einer SLD-Ableitung von $eval(F'\{x/t\})$ folgt unmittelbar aus Lemma 2.4.

- Dekomposition: F hat die Form $F' \cup \{EQ(f(s_1, \ldots, s_n), f(t_1, \ldots, t_n))\}$, so daß gilt
$$F' \cup \{EQ(f(s_1, \ldots, s_n), f(t_1, \ldots, t_n))\} \Longrightarrow F' \cup \{EQ(s_i, t_i) \mid 1 \leq i \leq n\}$$
Wir konstruieren folgende Ableitung:

$EQ(f(s_1, \ldots, s_n), f(t_1, \ldots, t_n))$
$\downarrow$ Transitivitätsaxiom
$EQ(f(s_1, \ldots, s_n), y), EQ(y, f(t_1, \ldots, t_n))$
$\downarrow$ Substitutionsaxiom für Stelle 1
$EQ(f(x_1, s_2, \ldots, s_n), f(t_1, \ldots, t_n)), EQ(s_1, x_1)$
$\downarrow$ Transitivitätsaxiom
$\vdots$
$\downarrow$ Substitutionsaxiom für Stelle n
$EQ(f(x_1, \ldots, x_n), f(t_1, \ldots, t_n)), EQ(s_1, x_1), \ldots, EQ(s_n, x_n)$
$\downarrow$ Substitutionsaxiom für Stelle 1
$EQ(s_1, z_1), EQ(s_2, t_2), \ldots, EQ(s_n, t_n), EQ(z_1, t_1)$
$\downarrow$ Reflexivitätsaxiom
$EQ(s_1, t_1), \ldots, EQ(s_n, t_n)$

Offensichtlich ist in keinem der mgu's aus dieser Ableitung eine Substitution für Variablen aus F enthalten.

- Elimination von trivialen Ausdrücken: F hat die Form $F' \cup \{EQ(t, t)\}$, so daß gilt
$$F' \cup \{EQ(t, t)\} \Longrightarrow F'$$
Mittels des Reflexivitätsaxioms läßt sich sofort die Resolvente F' bilden.

∎

Wenden wir nun *E-unify* in unserem Beispiel *"nodes"* an. Auf Seite 39 hatten wir überlegt, daß mit dem Ziel

$\leftarrow nodes(T, s(0))$

kein Resolutionsschritt ausführbar ist, da

$$nodes(maketree(L, N, R), +(+(NL, NR), s(0)))$$

und

$$nodes(T, s(0))$$

nicht unifizierbar sind.

Mittels *E-unify* ergibt sich jedoch:

$$\begin{aligned}
&E\text{-}unify(nodes(maketree(L,N,R),+(+(NL,NR),s(0))), nodes(T,(s(0)))) = \\
&= solve(\{EQ(eval(maketree(L,N,R)), eval(T)), \\
&\qquad EQ(eval(+(+(NL,NR),s(0))), eval(s(0)))\}) \\
&= solve(\{EQ(maketree(L,N,R),T), EQ(+(+(NL,NR),s(0)),s(0))\}) \\
&= (\{T/maketree(L,N,R)\}, EQ(+(+(NL,NR),s(0)),s(0))).
\end{aligned}$$

E-unify liefert neben der Substitution $\{T/maketree(L,N,R)\}$ also noch eine Gleichung, welche mittels *solve* nicht beseitigt werden konnte. Die Ableitung aus dem Beweis des vorangegangenen Lemma läßt sich hier leicht "nachrechnen".

Zwei Eigenschaften sind zu betonen: Zum einen ist *E-unify* tatsächlich eine Erweiterung; der *FP*-Teil eines Programmes wird benutzt, um Terme zu evaluieren, die dann weiter unifiziert werden sollen. Zum anderen ist *E-unify*, zumindest im Vergleich mit Theorieunifikation, eingeschränkt; es wird nicht versucht, eventuell anfallende Gleichungen sofort zu lösen, sie entstehen vielmehr als "Zwischenergebnis" und werden später durch die erweiterte Resolutionsregel verarbeitet.

2.3 Erweiterte Resolution

Ziel der erweiterten Resolution ist nun gerade das Lösen von Gleichungen, das durch *E-unify* nicht durchgeführt wurde, in den Ableitungsvorgang aufzunehmen. Mit anderen Worten: *FP* definiert eine Theorie, und es soll für jede der Gleichungen $EQ(s,t)$ bewiesen werden, daß $EQ(s,t)$ eine logische Konsequenz aus dieser Theorie ist. Versuche, dies mittels Evaluierung durch die Funktion *eval* zusammen mit syntaktischer Unifikation zu bewerkstelligen, sind bereits während der Abarbeitung von *E-unify* fehlgeschlagen. Nun bleibt die Möglichkeit, den *FP*-Teil des FHCL-Programms "logisch" zu behandeln. Wiederum soll aber an dieser Stelle keine bestimmte Methode in unser Schema eingebaut werden; vielmehr gehen wir davon aus, daß ein Kalkül zum Beweis der Gleichungen gegeben ist.

2.3 Erweiterte Resolution

Zur Präzisierung benötigen wir einige Begriffe aus der Unifikationstheorie, wobei wir uns auf [Sie89] bzw. [BB87] stützen.

Dazu sei $FP = \{def\ f_1, \ldots, def\ f_n\}$ der funktionale Teil eines FHCL-Programmes. Durch den Graphen

$$FUN = graph(def\ f_1) \cup \ldots \cup graph(def\ f_n)$$

des funktionalen Programmes FP ist in offensichtlicher Weise eine Gleichungstheorie gegeben. Mit *FP-Gleichheit* (i.Z. $=_{FP}$) bezeichnen wir in der üblichen Weise Gleichheit unter dieser Theorie.

Wenn W eine Menge von Variablen ist, erweitern wir die FP-Gleichheit auf Substitutionen:

$$\sigma =_{FP} \tau[W] \quad \text{g.d.w.} \quad \forall x \in W : x\sigma =_{FP} x\tau$$

Eine Substitution σ ist allgemeiner als eine Substitution τ auf W (oder τ ist ein *FP-Beispiel* von σ), i.Z. $\sigma \geq_{FP} \tau$), wenn gilt:

$$\sigma \geq_{FP} \tau[W] \quad \text{g.d.w.} \quad \exists \lambda : \sigma\lambda =_{FP} \tau[W]$$

Wenn die Gleichung $EQ(s,t)$ gegeben ist, heißt eine Substitution σ *FP-Unifizierer* für s und t, g.d.w. $s\sigma =_{FP} t\sigma$. Mit $U_{FP}(s,t)$ bezeichnen wir die Menge aller FP-Unifizierer für s und t.

Eine Menge von FP-Unifizierern für s und t heißt *vollständige Menge der Unifizierer* von s und t auf $W = Var(s) \cup Var(t)$ (i.Z. cU_{FP}), wenn folgende Bedingungen gelten:[6]

$$cU_{FP} \subseteq U_{FP} \quad \text{(Korrektheit)}$$
$$\forall \delta \in U_{FP} : \exists \sigma \in cU_{FP} : \sigma \geq_{FP} \delta[W] \quad \text{(Vollständigkeit)}$$

Diese Begriffe können nun in offensichtlicher Weise auf Mengen von Gleichungen erweitert werden.

Definition: Es sei ein Widerlegungskalkül (S, I), also eine formale Sprache S zusammen mit einer Menge von Inferenzregeln I, gegeben. *trans* sei eine Transformation des funktionalen Programms FP nach S und von Gleichungen der Form $EQ(s,t)$ nach S, so daß gilt:

---

[6] Man beachte, daß bei manchen Autoren die Relation *allgemeiner* durch das Symbol $\leq$ bezeichnet wird (z.B. [SS88]).

- $(trans(FP), I)$ berechnet zu einer gegebenen Zielklausel der Form $trans(EQ(s,t))$ eine Antwortsubstitution.

- $(trans(FP), I)$ ist korrekt und vollständig, insofern die Menge der berechneten Antwortsubstitutionen eine vollständige Menge von FP-Unifizierern für s und t ist.

Wir setzen im folgenden einen solchen Widerlegungskalkül als gegeben voraus. Gemäß der Definition ist eine damit berechnete Antwortsubstitution σ einer Widerlegung von $trans(EQ(s,t))$ offensichtlich gerade ein FP-Unifizierer für s und t.

In der naheliegenden Weise wird diese Begriffsbildung auf Konjunktionen von Gleichungen erweitert.

Die folgende Proposition ergibt sich damit unmittelbar aus der Korrektheit der SLD-Resolution.

Proposition 2.6 *Sei $EQ(s,t)$ eine Gleichung und (FP, LP) ein FHCL-Programm. Wenn $trans(EQ(s,t))$ eine Widerlegung mit berechneter Antwortsubstitution σ bzgl. $(trans(FP), I)$ hat, existiert auch eine SLD-Widerlegung mit berechneter Antwortsubstitution σ bzgl. $fcl(FP, LP)$.*

Zur Vereinfachung der Notation werden wir im folgenden Klauseln auch mittels Mengen von Atomen notieren:

So soll z.B. mit $D = \{D_1, \ldots, D_n\}$

$$\leftarrow D \cup \{A\}$$

für eine Zielklausel stehen, in der die Elemente aus $D \cup \{A\}$ in beliebiger Permutation die Folge von Teilzielen bilden.

In einem nächsten Schritt soll nun die E-Resolventenbildung mittels *E-unify* eingeführt werden. Anschließend können wir dann E-Resolventen und FP-Unifikationsschritte zu E-Ableitungen kombinieren.

Definition: *(Erweiterte (oder E-) Resolution)* Sei $G = \leftarrow D \cup \{A\}$ eine Zielklausel und $P = B \leftarrow D'$ eine neue Variante einer Programmklausel aus HCL. Wenn *E-unify* $(A, B) = (\sigma, F)$ gilt, heißt $\leftarrow (D \cup D' \cup F)\sigma$ eine *E-Resolvente* von G und P.

Im laufenden Beispiel ist wegen

2.3 Erweiterte Resolution

$E\text{-}unify(nodes(maketree(L, N, R), +(+(NL, NR), s(0))), nodes(T, (s0)))$
$= (\{T/maketree(L, N, R)\},\ EQ(+(+(NL, NR), s(0)), s(0)))$

die Zielklausel

$\leftarrow nodes(L, NL), nodes(R, NR), EQ(+(+(NL, NR), s(0)), s(0))$

eine E-Resolvente von $\leftarrow nodes(T, s(0))$ und der Programmklausel

$nodes(maketree(L, N, R), +(+(NL, NR), s(0))) \leftarrow$
   $nodes(L, NL),$
   $nodes(R, NR)$

Durch den Begriff der E-Ableitung werden nun die beiden Kalküle miteinander kombiniert: der Hornklauselkalkül mit E-Resolventenbildung für die Atome aus HCL und der zusätzliche Widerlegungskalkül für Atome der Form $EQ(s,t)$.

Definition: Sei $G = G_1, G_2, \ldots$ eine Folge von Zielklauseln und R eine Berechnungsregel. G heißt *E-Ableitung*, wenn für alle G_i und G_{i+1} mit $G_i = \leftarrow D \cup \{A\}$, wobei A das durch R ausgewählte Atom ist, gilt

- Falls A die Form $EQ(s,t)$ hat, gilt $G_{i+1} = \leftarrow D\sigma$, wobei σ eine berechnete Antwortsubstitution von $trans(EQ(s,t))$ bzgl. $(trans(FP), I)$ ist.

- Falls A nicht die Form $EQ(s,t)$ hat, ist G_{i+1} eine E-Resovente von G und einer neuen Variante einer Programmklausel aus HCL.

Im Abbildung 2 ist die Aufteilung der Verarbeitungsschritte nochmals dargestellt.

Die Begriffe *E-Widerlegung* und *E-berechnete Antwortsubstitution* werden analog zur SLD-Resolution verwendet. Dementsprechend ist auch die *E-Erfolgsmenge* gegeben, und die operationale Semantik von FHCL-Programmen kann folgendermaßen definiert werden:

Definition: Die *operationale Semantik* eines FHCL-Programmes $\mathcal{O}[\![(FP, LP)]\!]$ ist die E-Erfolgsmenge von (FP, LP).

In den nächsten beiden Abschnitten wird nun die Korrektheit und die Vollständigkeit des Kalküls bewiesen.

Abbildung 3 zeigt nochmals den Gesamtaufbau der E-Resolution in der Übersicht.

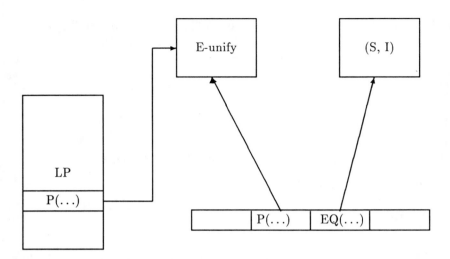

Abb. 2: E-Resolution — Verarbeitung von Teilzielen

2.4 Korrektheit

Wie im Fall von *E-unify* und *solve* zeigen wir als erstes, daß E-Resolventenbildung durch SLD-Ableitungen mittels des funktionalen Abschlusses simuliert werden können:

Lemma 2.7 *Sei $G' = \leftarrow (D \cup D' \cup F)\sigma$ eine E-Resolvente von $G = \leftarrow D \cup \{A\}$ und der Variante einer Programmklausel $B \leftarrow D'$ aus LP, dann existiert eine SLD-Ableitung von G nach G' bzgl. $fcl(FP, LP)$. Ferner gilt $\sigma_1 \ldots \sigma_n |_{Var(G)} = \sigma |_{Var(G)}$, wobei $\sigma_1, \ldots, \sigma_n$ die mgu's aus dieser Ableitung sind.*

Beweis: G' hat die Form $\leftarrow (D \cup D' \cup F)\sigma$. Aus der Definition von *E-unify* folgt, daß F ein Ergebnis von *solve* ist und A und B die Form $A = P(s_1, \ldots, s_n)$ und $B = P(t_1, \ldots, t_n)$ haben.
In einem ersten Schritt zeigen wir, daß gilt:
Aus $G = \leftarrow D \cup \{A\}$ ist $\leftarrow D \cup D' \cup \{EQ(s_1, t_1), , \ldots, EQ(s_n, t_n)\}$ bzgl. $fcl(FP, LP)$ ableitbar.

$\leftarrow D \cup P(s_1, \ldots, s_n)$

$\downarrow$ Substitutionssaxiom für Stelle 1

$\leftarrow D \cup \{P(x_1, s_2, , \ldots, s_n), EQ(s_1, x_1)\}$

$|$

2.4 Korrektheit

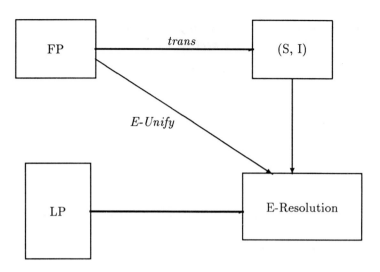

Abb. 3: E-Resolution — Aufbau

$$\begin{array}{l} \downarrow \quad \text{Substitutionsaxiom für Stelle 2} \\ \vdots \\ \downarrow \quad \text{Substitutionsaxiom für Stelle n} \\ \leftarrow D \cup \{P(x_1,\ldots,x_n), EQ(s_1,x_1),\ldots,EQ(s_n,x_n)\} \\ \downarrow \quad B \leftarrow D' \\ \leftarrow D \cup D' \cup \{EQ(s_1,t_1),\ldots,EQ(s_n,t_n)\} \end{array}$$

Offensichtlich ist in keinem der mgu's dieser Ableitung eine Substitution für $Var(G)$ enthalten.

In einem zweiten Schritt erkennt man nun mit $E = \{EQ(s_1,t_1),\ldots,EQ(s_n,t_n)\}$, daß $solve(E) = (\sigma, F)$ gilt und aus Lemma 2.5 ergibt sich dann die Behauptung dieses Lemma. ∎

Für das Folgende ist es von Bedeutung, nochmals zu betonen, daß im HCL-Teil eines Programmes (FP, LP) keine Vorkommen des Prädikatensymbols EQ erlaubt sind. Zielklauseln dagegen enthalten Gleichungen – zum Beispiel werden solche durch *E-unify* erzeugt.

Satz 2.8 (Korrektheit) *Eine E-berechnete Antwortsubstitution von $\leftarrow D$ bzgl. (FP, LP) ist eine korrekte Antwortsubstitution bzgl. $fcl(FP, LP) \cup \{\leftarrow D\}$.*

Beweis: Wir zeigen durch Induktion über die Länge der E-Widerlegung, daß jede E-berechnete Antwortsubstitution von $\leftarrow D$ bzgl. (FP, LP) auch eine berechnete Antwortsubstitution von $\leftarrow D$ bzgl. $fcl(FP, LP)$ ist. Im Fall $n = 0$ ist $\leftarrow D = \square$ und die Behauptung ist trivial. Sei nun

$$\leftarrow D, \leftarrow D_1, \ldots, \leftarrow D_{n-1}, \square$$

eine E-Widerlegung der Länge $n + 1$ mit $D = D' \cup \{C\}$, wobei C das im ersten Ableitungsschritt ausgewählte Atom ist. Wir unterscheiden zwei Fälle:

> Wenn C ungleich $EQ(s,t)$ ist, dann ist $\leftarrow D_1$ eine E-Resolvente von $\leftarrow D$ und einer neuen Variante $\leftarrow D^+$ einer Programmklausel aus HCL. Es gilt also $D_1 = (D' \cup D^+ \cup F)\sigma_1$, und damit folgt aus Lemma 2.7 die Existenz einer SLD-Ableitung von $\leftarrow D$ nach $\leftarrow D_1$. Ferner folgt aus demselben Lemma, daß $\sigma_1 |_{Var(D)} = \theta_1 \ldots \theta_k |_{Var(D)}$ gilt, wobei $\theta_1, \ldots, \theta_k$ die mgu's der SLD-Ableitung sind.

> Wenn C gleich $EQ(s,t)$ ist, existiert nach Proposition 2.6 eine SLD-Widerlegung von $\leftarrow D_1$ mit berechneter Antwortsubstitution σ_1. Die Behauptung ergibt sich damit aus der Induktionsvoraussetzung.

Die durch die E-Widerlegung berechnete Antwortsubstitution ist also auch eine berechnete Antwortsubstitution bzgl $fcl(FP, LP)$ und SLD-Resolution. Aus der Korrektheit der SLD-Resolution ergibt sich damit die Behauptung des Satzes. ∎

In Abbildung 4 erhalten wir damit die Vervollständigung des Diagramms aus Abbildung 1.

In unserem Beispiel wird aus der Zielklausel

$$\leftarrow nodes(T, s(0))$$

mittels erweiterter Resolution

$$\leftarrow nodes(L, NL), nodes(R, NR), EQ(+(+(NL, NR), s(0)), s(0))$$

Im nächsten Schritt werde nun die Gleichung ausgewählt, und es sei angenommen, daß

2.5 Vollständigkeit

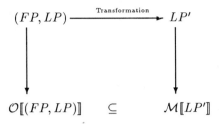

Abb. 4: Korrektheit der E-Resolution

$trans(EQ(+(+(NL, NR), s(0)), s(0)))$

widerlegt werden kann und den FP-Unifizierer $\{NL/0, NR/0\}$ liefert. In einem weiteren E-Resolutionsschritt ergibt sich schließlich

$\leftarrow nodes(L, 0), nodes(R, 0)$

Nach weiteren zwei Schritten ist damit offensichtlich dieses Ziel zu widerlegen.

2.5 Vollständigkeit

Nach der Korrektheit der erweiterten Resolutionsregel soll hier schließlich ihre Vollständigkeit bewiesen werden. Die Vollständigkeit des Systems stützt sich natürlich wesentlich auf die vorausgesetzte Vollständigkeit des Widerlegungskalküls für Gleichungen.

Der Beweis benutzt ein Ergebnis aus [HE86], welches es gestattet, auf die Substitutionsaxiome zu verzichten. Dazu werden die Programmklauseln in die sogenannte homogene Form überführt.

Definition: Die *homogene Form* einer Programmklausel $P(t_1, \ldots, t_n) \leftarrow D$ ist die Programmklausel $P(x_1, \ldots, x_n) \leftarrow D \cup \{EQ(x_i, t_i) \mid 1 \leq i \leq n\}$, wobei die x_i neue Variablen sind.
Wenn S eine Menge von Programmklauseln ist, bezeichnet $H(S)$ die homogene Form dieser Klauselmenge.

Die Unifikation eines Klauselkopfes mit einem Teilziel ist für homogene Formen immer möglich, vorausgesetzt natürlich, daß die Prädikatensymbole übereinstimmen. Die "eigentliche" Unifikation geschieht hier durch Anhängen der EQ-Literale. Dieses Vorgehen ähnelt unserem *E-unify*, wo auch solche zusätzlichen Gleichungen erzeugt werden.

Definition: Mit $fcl(FP, LP)^-$ bezeichnen wir die Menge von Klauseln, die man durch Streichung der Substitutionssaxiome für Prädikatensymbole aus $fcl(FP, LP)$ erhält.

Die SLD-Resolution für homogene Klauseln ist vollständig, wie der folgende Satz nach [HE86] besagt.

Satz 2.9 (Hoddinott, Elcock 1986) *Es existiert eine SLD-Widerlegung von $\leftarrow D$ bzgl. $fcl(FP, LP)$, g.d.w. es eine SLD-Widerlegung von $\leftarrow D$ bzgl. $H(fcl(FP, LP)^-)$ gibt.*

Anstatt nun erst die Programme in ihre homogene Form umzuwandeln, kann dies auch "dynamisch" geschehen, indem die SLD-Resolution abgeändert wird. Wir gehen hierbei analog zu [Höl89] vor und definieren die beiden Ableitungsregeln $\longrightarrow_{lr}$ (*lr*-Resolution, lazy-resolution) und $\longrightarrow_{rr}$ (*rr*-Resolution, resolution restricted to equations):

Definition: Sei $P(s_1, \ldots, s_n) \leftarrow D$ eine neue Variante einer Programmklausel, dann ist die Inferenzregel *lr-Resolution* (i.Z. $\longrightarrow_{lr}$) gegeben durch:

$$\leftarrow D' \cup \{P(t_1, \ldots, t_n)\} \quad \longrightarrow_{lr} \quad D \cup D' \cup \{EQ(s_i, t_i) \mid 1 \leq i \leq n\}$$

Sei $EQ(s, t) \leftarrow D$ eine neue Variante einer Programmklausel und σ ein mgu von $EQ(s, t)$ und $EQ(s', t')$, dann ist die Inferenzregel *rr-Resolution* (i.Z. $\longrightarrow_{rr}$) gegeben durch:

$$\leftarrow D' \cup \{EQ(s, t)\} \quad \longrightarrow_{rr} \quad (D' \cup D)\sigma,$$

Folgender Satz liefert Korrektheit und Vollständigkeit dieser Inferenzregeln auf $fcl(FP, LP)^-$.

Satz 2.10 (Hölldobler 89) *Jede mittels $\{\longrightarrow_{lr}, \longrightarrow_{rr}\}$ berechnete Antwortsubstitution von $\leftarrow D$ bzgl. $fcl(FP, LP)^-$ ist eine korrekte Antwortsubstitution von $\leftarrow D$ bzgl. $fcl(FP, LP)$.*

2.5 Vollständigkeit

Für jede korrekte Antwortsubstitution θ von $\leftarrow D$ bzgl. $fcl(FP, LP)$ und Berechnungsregel R, gibt es eine mittels $\{\longrightarrow_{lr}, \longrightarrow_{rr}\}$ R-berechnete Antwortsubstitution σ von $\leftarrow D$ bzgl. $fcl(FP, LP)^-$ und eine Substitution γ, so daß $\theta = \sigma\gamma|_{Var(D)}$ gilt.

Der Beweis dieses Satzes wird durch eine Induktion über die Länge der SLD-Ableitung von $H(fcl(FP, LP)^-)$, welche nach Satz 2.9 existiert, geführt. Dabei können die einzelnen Ableitungsschritte direkt mit entsprechenden $\longrightarrow_{lr}$- oder $\longrightarrow_{rr}$-Schritten verglichen werden.

Auf der Basis dieses Resultats führen wir nun den Begriff der *SLDE-Ableitung* ein. Es handelt sich hierbei um Ableitungen mittels $\{\longrightarrow_{lr}, \longrightarrow_{rr}\}$, welche eine bestimmte Klasse von Berechnungsregeln benutzen. Dazu benötigen wir die folgenden Begriffe:

Sei $\leftarrow D \longrightarrow_x \leftarrow D'$ mit $x \in \{lr, rr\}$ und mgu σ gegeben.

- Wenn $C = EQ(s, t) \in D$ nicht das ausgewählte Teilziel ist, heißt $C\sigma$ *unmittelbarer Nachfolger* von C.

- Wenn $P(s_1, \ldots, s_m)$ das ausgewählte Teilziel und $P(t_1, \ldots, t_m) \leftarrow D^*$ eine neue Variante der benutzten Programmklausel ist, heißen die Elemente von $\{EQ(s_i, t_i) \mid 1 \leq i \leq n\}$ *unmittelbare Nachfolger* von $P(s_1, \ldots, s_m)$.

- Wenn $EQ(s, t)$ das ausgewählte Teilziel und $EQ(u, v) \leftarrow D^*$ eine neue Variante der benutzten Programmklausel ist, heißen die Elemente von $D^*\sigma$ *unmittelbare Nachfolger* von $EQ(s, t)$.

- C_n heißt *Nachfolger* von C_1, g.d.w. es eine Folge $C_1, \ldots, C_n$ gibt, so daß $\forall 1 < i \leq n$ gilt: C_i ist unmittelbarer Nachfolger von C_{i-1}.

Sei nun *SLDE* eine Berechnungsregel, die gemäß der folgenden Vorschrift auswählt:

1 **wähle** ein beliebiges Teilziel C;

2 sei $F(C)$ die Menge der Nachfolger von C in der momentanen Zielklausel : **while** $F(C) \neq \emptyset$: **wähle** ein beliebiges Teilziel aus $F(C)$;

3 **goto** 1;

Wir nennen Selektionen nach Schritt 1 *beliebig*, Selektionen nach Schritt 2 *eingeschränkt*.

Ableitungen mittels einer SLDE-Berechnungsregel und $\{\longrightarrow_{lr}, \longrightarrow_{rr}\}$ heißen *SLDE-Ableitungen*. Korrektheit und Vollständigkeit folgen unmittelbar aus Satz 2.10.

Wir übertragen die Definition der SLDE-Berechnungsregel in analoger Weise auf die E-Resolution, so daß die in einem E-Ableitungschritt mittels *E-unify* erzeugten Gleichungen unmittelbare Nachfolger des entsprechenden Literals sind. Entsprechend kann auch in E-Ableitungen die SLDE-Berechnungsregel verwendet werden.[7]

Lemma 2.11 (Lifting Lemma) *Sei (FP, LP) ein FHCL-Programm, $\leftarrow D$ eine Zielklausel, und $\theta \geq_{FP} \sigma$. Wenn eine E-Widerlegung von $\leftarrow D\sigma$ mittels einer SLDE-Berechnungsregel existiert, gibt es auch eine E-Widerlegung von $\leftarrow D\theta$ mittels einer SLDE-Berechnungsregel. Ferner gilt $\theta_1 \ldots \theta_k \geq_{FP} \sigma_1 \ldots \sigma_m[Var(D)]$, wobei $\theta_1, \ldots, \theta_k$ die Unifizierer der E-Widerlegung von $\leftarrow D\theta$ und $\sigma_1, \ldots, \sigma_m$ die Unifizierer der E-Widerlegung von $\leftarrow D\sigma$ sind.*

Beweis: Induktion über die Länge l der E-Widerlegung von $\leftarrow D\sigma$ liefert sofort das Ergebnis für $l = 0$. Für den Induktionsschritt unterscheiden wir zwei Fälle:

Im ersten Fall sei $C\sigma = P(t_1, \ldots, t_n)\sigma$ das im ersten Ableitungsschritt ausgewählte Atom keine Gleichung, $C^* \leftarrow D^*$ eine neue Variante der zugehörigen Eingabeklausel und

$$\begin{aligned}
E\text{-}unify(C^*, C\sigma) &:= E\text{-}unify(P(s_1, \ldots, s_n), P(t_1, \ldots, t_n)\sigma) \\
&= solve(\{EQ(eval(s_i), eval(t_i\sigma)) \mid 1 \leq i \leq n\}) \\
&= solve(\{EQ(eval(s_i\sigma), eval(t_i\sigma)) \mid 1 \leq i \leq n\}) \\
&= (\sigma_0, F)
\end{aligned}$$

Damit ergibt sich

$$\leftarrow D\sigma \longrightarrow ((D\setminus\{C\}) \cup D^* \cup F)\sigma\sigma_0 \xrightarrow{*} \square$$

und weiter

$$((D\setminus\{C\}) \cup D^* \cup F)\sigma\sigma_0 \xrightarrow{l} ((D\setminus\{C\}) \cup D^*)\sigma\sigma_0\sigma_1 \ldots \sigma_l \xrightarrow{*} \square$$

Ferner gilt

$$\begin{aligned}
E\text{-}unify(C^*, C\theta) &= E\text{-}unify(P(s_1, \ldots, s_n), P(t_1, \ldots, t_n)\theta) \\
&= solve\{EQ(eval(s_i), eval(t_i\theta)) \mid 1 \leq i \leq n\} \\
&= solve\{EQ(eval(s_i\theta), eval(t_i\theta)) \mid 1 \leq i \leq n\} \\
&= (\theta_0, F')
\end{aligned}$$

Damit erhalten wir den E-Ableitungsschritt

---

[7]Vorsicht: Obwohl E-Ableitungen keine SLD-Ableitungen sind, sprechen wir auch hier von einer SLDE-Berechnungsregel.

2.5 Vollständigkeit

$$\leftarrow D\theta \quad \longrightarrow \quad ((D\backslash\{C\}) \cup D^* \cup F')\theta\theta_0$$

Sei nun $\sigma' = \sigma_0\sigma_1\ldots\sigma_l$; damit ist σ' ein FP-Unifizierer von $F\sigma$. Aus $\theta \geq_{FP} \sigma$ ergibt sich die Existenz eines μ mit $\theta\mu\sigma_0 =_{FP} \sigma\sigma_0$; also gilt wegen $\theta\mu\sigma' = \sigma\sigma'$, daß $\sigma\sigma'$ ein FP-Unifizierer von F und $\mu\sigma'$ ein FP-Unifizierer von $F\theta$ ist. Da die Menge der FP-Unifizierer einer Menge von Gleichungen invariant unter Anwendungen von *eval* und *solve* ist, gilt auch, daß $\sigma\sigma'$ ein FP-Unifizierer von $\{EQ(s_i,t_i) \mid 1 \leq i \leq n\}$ und $\mu\sigma'$ ein FP-Unifizierer von $\{EQ(s_i,t_i) \mid 1 \leq i \leq n\}\theta$ ist. Aus der Vollständigkeit des Gleichungskalküls folgt die Existenz einer berechneten Antwortsubstitution θ'' mit $\theta'' \geq_{FP} \mu\sigma'$ und damit auch $\theta'' \geq_{FP} \sigma\sigma'$.

Damit ergibt sich

$$((D\backslash\{C\}) \cup D^* \cup F')\theta\theta_0 \quad \stackrel{*}{\longrightarrow} \quad ((D\backslash\{C\}) \cup D^*)\theta\theta''$$

und die Behauptung ergibt sich damit aus dem Induktionsschluß.

Sei nun im zweiten Fall das im ersten Ableitungsschritt ausgewählte Atom $C\sigma$ eine Gleichung $EQ(s,t)$. Dann gilt

$$\leftarrow D\sigma \quad \longrightarrow \quad (D\backslash\{C\})\sigma\sigma_0 \quad \stackrel{*}{\longrightarrow} \quad \Box$$

wobei σ_0 ein FP-Unifizierer für $C\sigma$ ist. Aus $\theta \geq_{FP} \sigma$ ergibt sich die Existenz eines μ mit $\theta\mu\sigma_0 =_{FP} \sigma\sigma_0$. Da aber $\sigma\sigma_0$ ein FP-Unifizier für C ist, ist auch $\mu\sigma_0$ ein FP-Unifizierer für $C\theta$. Aus der Vollständigkeit des Gleichungskalküls folgt die Existenz einer berechneten Antwortsubstitution $\theta_0 \geq_{FP} \mu\sigma_0$. Also gilt $\theta\theta_0 \geq_{FP} \sigma\sigma_0$ und

$$\leftarrow D\theta \quad \longrightarrow \quad (D\backslash\{C\})\theta\theta_0$$

Wiederum ist die Induktionsvoraussetzung anwendbar, woraus sich sofort die Behauptung ergibt.

∎

Lemma 2.12 *Sei (FP, LP) ein FHCL-Programm. Wenn eine SLDE-Widerlegung von $\leftarrow D$ bzgl. $fcl(FP,LP)^-$ existiert, dann gibt es auch eine E-Widerlegung von $\leftarrow D$ bzgl.(FP,LP) mittels einer SLDE-Berechnungsregel. Ferner gilt $\theta_1\ldots\theta_k \geq_{FP} \sigma_1\ldots\sigma_m$, wobei $\theta_1,\ldots,\theta_k$ die Unifizierer der E-Widerlegung und $\sigma_1,\ldots,\sigma_m$ die mgu's der SLDE-Widerlegung sind.*

Beweis: Der Beweis erfolgt über die Anzahl der beliebigen Selektionen l der SLDE-Ableitung.

Für $l = 0$ ist die Behauptung trivial.

Sei nun eine SLDE-Widerlegung mit $l + 1$ beliebigen Selektionen gegeben, C das Atom, welches im ersten Schritt ausgewählt wird und $C' \leftarrow D'$ die zugehörige Variante einer Eingabeklausel und σ_0 der zugehörige mgu.
Wenn C die Form $P(s_1, \ldots, s_n)$ hat, ist $\longrightarrow_{lr}$ die verwendete Ableitungsregel; sei ferner $C' = P(t_1, \ldots, t_n)$ und damit $F = \{EQ(s_i, t_i) \mid 1 \leq i \leq n\}$ die Menge der unmittelbaren Nachfolger von $P(s_1, \ldots, s_n)$, dann gilt

$$\leftarrow D \quad \longrightarrow_{lr} \quad \leftarrow (D \setminus \{C\}) \cup D' \cup F \quad \stackrel{m}{\longrightarrow}_{rr} \quad \leftarrow ((D \setminus \{C\}) \cup D')\sigma,$$

wobei $\sigma = \sigma_1, \ldots \sigma_m$ die Komposition der mgu's aus den $\longrightarrow_{rr}$-Schritten ist. Andererseits haben wir mit

$$\textit{E-unify}(P(s_1, \ldots, s_n), P(t_1, \ldots, t_n)) = (\lambda_0, E)$$

den E-Ableitungschritt:

$$\leftarrow D \quad \longrightarrow \quad \leftarrow ((D \setminus \{C\}) \cup D' \cup E)\lambda_0.$$

Da die Mengen der FP-Unifizierer von F und $E' = E \cup \{EQ(x,t) \mid \{x/t\} \in \lambda_0\}$ gleich sind und ein vollständiger Gleichungskalkül vorausgesetzt ist, läßt sich die E-Ableitung weiterführen zu

$$\leftarrow D \quad \longrightarrow \quad \leftarrow ((D \setminus \{C\}) \cup D' \cup E)\lambda_0 \quad \stackrel{*}{\longrightarrow} \quad ((D \setminus \{C\}) \cup D')\lambda_0 \lambda_1 \ldots \lambda_r$$

so daß $\theta = \lambda_0 \lambda_1 \ldots \lambda_r \geq_{FP} \sigma$ gilt.

Aus der Induktionsvoraussetzung folgt die Existenz einer E-Widerlegung von $\leftarrow ((D \setminus \{C\}) \cup D')\sigma$ mittels einer SLDE-Berechnungsregel, wobei $\sigma_{m+1}, \ldots, \sigma_n$ die mgu's der SLDE-Widerlegung und $\lambda_{r+1} \ldots \lambda_k$ die Unifizierer der E-Widerlegung sind, mit

$$\lambda_{r+1} \ldots \lambda_k \geq_{FP} \sigma_{m+1} \ldots \sigma_n$$

Wegen $\theta \geq_{FP} \sigma$ folgt aus dem Lifting Lemma die Existenz einer E-Widerlegung von $\leftarrow ((D \setminus \{C\}) \cup D')\theta$ mit

$$\theta_1 \ldots \theta_k \geq_{FP} \lambda_{r+1} \ldots \lambda_k,$$

2.5 Vollständigkeit

wobei $\theta_1, \ldots, \theta_k$ die Unifizierer dieser E-Widerlegung sind. Damit ergibt sich schließlich

$$\theta\theta_1 \ldots \theta_k \geq_{FP} \theta\lambda_{r+1} \ldots \lambda_k \geq_{FP} \theta\sigma_{m+1} \ldots \sigma_n \geq_{FP} \sigma\sigma_{m+1} \ldots \sigma_n$$

Der verbleibende Fall, daß das Atom C, welches im ersten Schritt ausgewählt wird, eine Gleichung ist, ergibt sich analog. ∎

Satz 2.13 *Für jede korrekte Antwortsubstitution σ von $\leftarrow D$ bzgl. $fcl(FP, LP)$ existiert eine E-berechnete Antwortsubstitution θ von $\leftarrow D$ bzgl. (FP, LP), so daß $\theta \geq_{FP} \sigma[Var(D)]$ gilt.*

Beweis: Wenn σ eine korrekte Antwortsubstitution von $\leftarrow D$ bzgl. $fcl(FP, LP)$ ist, folgt aus Satz 2.10, daß eine SLDE-Widerlegung von $\leftarrow D$ bzgl. $fcl(FP, LP)^-$ mit berechneter Antwortsubstitution $\gamma_1, \ldots, \gamma_n$ und einer Substitution λ existiert, so daß gilt $\sigma = \gamma_1 \ldots \gamma_n \lambda|_{Var(D)}$.

Zusammen mit Lemma 2.12 ergibt sich die Existenz einer E-Widerlegung von $\leftarrow D$ bzgl. (FP, LP) mit $\theta \geq_{FP} \sigma$, wobei $\theta = \theta_1 \ldots \theta_k|_{Var(D)}$ die berechnete Antwortsubstitution ist. ∎

Mit diesem Vollständigkeitsresultat ergibt sich schließlich das Diagramm in Abbildung 5.

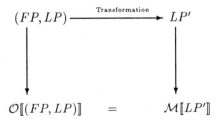

Abb. 5: Vollständigkeit der E-Resolution

2.6 Beispiele aus der Literatur

In diesem Abschnitt sollen einige wichtige Instantiierungen des FHCL-Schemas aus der Literatur erläutert werden. Da sehr viele Ansätze für die Kombination von funktionalen und logischen Sprachen Termersetzungssysteme als funktionale Sprache benutzen, wird auf die Grundlagen für solche Kombinationen im Abschnitt 5 gesondert eingegangen. Dort werden dann auch einige weitere Systeme aufgeführt.

LOGLISP

Sicherlich ist LOGLISP [RS82], einer der ersten und signifikantesten Ansätze zur Kombination von logischen und funktionalen Sprachen. Dabei dient LISP als funktionale und LOGIC als Hornklauselsprache. In LOGIC werden Programmklauseln als *assertions* (*rules* für Klauseln mit Variablen, *datum* für Klauseln ohne Variablen) und Zielklauseln als *queries* bezeichnet. Im Deduktionszyklus des LOGLISP-Systems wird vor dem eigentlichen Resolutionsschritt eines ausgewählten Teilzieles mit einer Programmklausel eine Funktion SIMPLER auf dieses Teilziel angewendet. Dadurch werden alle möglichen LISP-Berechnungen auf den Termen dieses Teilzieles ausgeführt. In unserer Notation bedeutet dies, daß *E-unify* wie folgt aussieht:

$E\text{-}unify(P(s_1,\ldots,s_m), Q(t_1,\ldots,t_n)) =$
  if $P \neq Q \vee n \neq m$ then *failure* else
  $unify(\{EQ(eval(s_i), t_i) \mid 1 \leq i \leq n\})$,

wobei $P(s_1,\ldots,s_m)$ das Teilziel, $Q(t_1,\ldots,t_n)$ der Kopf einer Programmklausel und *unify* die übliche syntaktische Unifikation ist. Es werden also nur die Terme aus dem Ziel evaluiert – die Terme der Programmklauseln bleiben unverändert.

Die herausragende Eigenschaft von LOGLISP ist dabei, daß das gesamte LISP-System verwendet werden kann. Allerdings kann dies auf sichere Weise nur bei Verwendungen von LISP-Funktionen im Rumpf von Programmklauseln und nicht in deren Kopf geschehen. Der Programmierer muß sicherstellen, daß die Funktionsaufrufe während der Abarbeitung des Deduktionszyklus auch tatsächlich evaluierbar sind.

Eine Programmklausel aus der Wissensbasis *places* aus [RS82] ist z.B.:

```
(DISTANCE (PLACE p)(PLACE q) d)
<--    (LATITUDE p 1a1)
    &(LATITUDE q 1a2)
    &(LONGITUDE p 1o1)
```

```
&(LONGITUDE q 1o2)
&(= d (SPHDST 1a1 1o1 1a2 1o2)),
```

wobei `SPHDST` eine LISP-Funktion ist, welche den Großkreisabstand in nautischen Meilen zwischen zwei Punkten auf der Erdoberfläche liefert.

Die Abarbeitung der Zielklausel

```
(THE  d  (DISTANCE  (PLACE  SAN-FRANCISCO) (PLACE OSLO) d))
```

liefert die Antwortsubstitution $d = 5197.5394$.

Aber auch mit der Zielklausel

```
(THE d (DISTANCE (PLACE p)(PLACE OSLO) 100.))
```

liefert LOGLISP ein Ergebnis.

Wenn nämlich im Verlaufe der Berechnung das Teilziel

```
(= 100. (SPHDST a b c d)),
```

abgearbeitet wird, wobei a, b, c, und d instantiiert sind, kann der LISP-Interpretierer (`SPHDST a b c d`) auswerten. Liefert er den Wert 100., ist eine Lösung gefunden, ansonsten muß p neu instantiiert werden.

Mit der folgenden Programmklausel für `DISTANCE`

```
(DISTANCE (POSITION 1a1 1o1) (POSITION 1a2 1o2) d)
<-- (= d (SPHDST 1a1 1o1 1a2 1o2))
```

kann der Aufruf

```
(THE (x y) (DISTANCE (POSITION x y) (POSITION 100. 50.) 100.))
```

jedoch nicht abgearbeitet werden.

FUNLOG

In [SY86] wird das System FUNLOG beschrieben. Als funktionale Sprache werden hier Gleichungen über Funktionstermen, den sog. *function definitions*, verwendet. In diesem funktionalen Teil wird eine Reduktionssemantik mit Parameterübergabe via Matching verwendet. Diese "einseitige Unifikation" heißt *biased unification*. Die logische Programmiersprache ist PROLOG, und die Autoren Subrahmanyam und You bezeichnen die erweiterte Unifikation als *semantic unification*. Allerdings kann diese Unifikation lediglich die Reduktionssemantik der funktionalen Sprache verwenden. In unserer Notation heißt dies, daß FUNLOG nur die Funktion *eval* für die Erweiterung der Unifikation anwendet – ungelöste Gleichungen können nicht behandelt werden. Zwei Terme sind im Sinne von FUNLOG nur dann semantisch unifizierbar, wenn sie durch Reduktionen in der funktionalen Sprache ineinander übergeführt werden können. Zum Beispiel sind $p(f(a))$ und $p(g(b))$ semantisch unifizierbar, wenn die Gleichung $f(a) = g(b)$ gegeben ist. Dies gilt aber nicht für $p(f(x))$ und $p(g(b))$, da hier keine Reduktion möglich ist.

Die Autoren merken selbst an: *a more powerful computational mechanism is needed; for example the narrowing method* ... ([SY86], Seite 169). Wir werden in einem späteren Abschnitt Narrowing ausführlich untersuchen.

Im folgenden Beispiel werden die beiden Funktionen fringe und append durch Gleichungen definiert und in der Klausel für samefringe1 benutzt.

```
fringe(value(LeafNode)) = [LeafNode]
fringe(tree(L,R)) = append(fringe(L), fringe(R))
append([],L) = L
append(A^L1, L2) = A^append(L1, L2)

samefringe(Tree1, Tree2) :- fringe(Tree1) = fringe(Tree2)
```

Man sieht an dem Beispiel auch, wie sogenannte *function call equations* innerhalb der PROLOG-Klauseln verwendet werden können. Zum anderen kann demonstriert werden, daß der FUNLOG-Interpreter *lazy evaluation* zuläßt. Wenn nämlich beim Abarbeiten eines Ziels z.B. die Formel

```
3^fringe(tree(tree(value(3)), tree(value(4)))) =
        4^fringe(tree(value(4)))
```

abgeleitet wurde, kann sofort entschieden werden, daß keine Lösung existiert, und eine weitere Reduktion vermieden werden.

LEAF

Im System LEAF [BBLM86] wird eine deklarative Sprache mit einer prozeduralen Sprache kombiniert.

Die deklarative Sprache besteht dabei aus Hornklauseln mit Gleichheit, wodurch auch Gleichungstheorien behandelt werden können. Die Teilmenge eines Hornklauselprogrammes, die aus Unitklauseln mit sog. *functional headers* besteht, stellt eine Gleichungstheorie mit Konstruktoren dar. Dabei sind Unitklauseln mit *functional headers* Gleichungen über Funktionstermen, die nur ein definiertes Funktionssymbol enthalten. Solche Programme werden nun in eine *canonical form* transformiert. Diese Umformung ist ähnlich zu dem in [CP86] definierten *flattening* und dient dazu, die Gleichheit ohne zusätzliche Axiome oder Inferenzregeln behandeln zu können. Die Semantik dieser Sprache kann sehr einfach durch kleinste Modelle bzw. Fixpunkte beschrieben werden.

Die folgende Hornklausel mit dem Funktionssymbol *nat* und den Konstruktoren $CONS$ und S

$$nat(x) = CONS(x, nat(S(x))) \leftarrow$$

wird z.B. in die kanonische Form

$$nat(x) = CONS(x, y) \leftarrow nat(S(x)) = y$$

überführt. Solche Klauseln können mit einem SLD-ähnlichen Ableitungsmechanismus verarbeitet werden.

Als prozedurale Komponente ist in LEAF die Sprache LCA (Logic for Communicating Agents) verwendet. Hierbei handelt es sich um deterministische Ersetzungsregeln, wobei der Modus (also Ein- oder Ausgabe) von Termen spezifiziert werden muß. Hauptprogramme in LCA bestehen aus verschiedenen Teilen, welche über Kanäle miteinander kommunizieren können. LCA enthält eine Reihe von interessanten Aspekten, wie z.B. Typen, Module, Abstraktionen und Synchronisationskonstrukte.

Die beiden Teilsprachen sind über denselben Datenstrukturen, nämlich Herbrand-Termen definiert, so daß ihre Integration sehr einfach möglich ist, indem sie sich gegenseitig aufrufen können. Allerdings gilt hier die gleiche Einschränkung wie in LOGLISP: Wenn eine LCA-Prozedur innerhalb einer Klausel der deklarativen Sprache verwendet wird, muß sichergestellt sein, daß die Eingabevariablen der Prozedur instantiiert sind. Der Programmierer muß also auch in diesem System auf die fehlende Invertibilität einer Teilsprache Rücksicht nehmen.

Im folgenden Beispiel ist eine legale Verwendung der LCA-Prozedur "+" demonstriert

```
Family-income(x,y) <--   Wife-of(x,z),
             Income(x,u), Income(z,v),
             +(u,v) = y
```

während der Versuch, "+" in eine relationales Programm zu transformieren nicht legal ist:

```
Plus(x,y,z) <-- +(x,y) = z
```

Hier könnte, je nach Aufruf des Programmes, der Fall auftreten, daß die Funktion "+" mit uninstantiierten Variablen aufgerufen wird.

LeFun

Ait-Kaci und Nasr kombinieren in LeFun (Logic, equations, and Functions) [AKN89] eine funktionale, auf dem λ-Kalkül basierende Sprache mit Hornklauseln und Resolution. Dabei ist es nicht das Ziel, die Unifikation in Richtung allgemeines Gleichungslösen zu erweitern; vielmehr soll ein "Verzögerungsmechanismus" erreichen, daß Gleichungen erst nach hinreichender Instantiierung von Variablen vereinfacht werden.

Den funktionalen Teil des Systems stellen Gleichungen zur Definitionen von Funktionen mittels λ-Termen dar. Somit können auch Funktionen höherer Ordnung definiert werden, wie z.B.:

```
map(F, L) = if(L=[],
               [],
               [F(head(L)) | map(F, tail(L))])
```

Diese Gleichung ist leicht als Gleichung mittels λ-Termen aufzufassen:
map = λF,L . if(....)
LeFun-Terme können nun auch mittels λ-Ausdrücken gebildet werden; dementsprechend können solche Terme höherer Ordnung auch in LeFun-(Horn-)Klauseln verwendet werden. Bei der Behandlung eines kleinen Beispiels weiter unten wird deutlich, daß es in diesem Zusammenhang wichtig ist zu sehen, daß Konstruktorterme, welche Variablen enthalten, als Abstraktionen behandelt werden: der Term +(1, x) entspricht in LeFun der Abstraktion λ x . +(1, x).

2.6 Beispiele aus der Literatur

LeFun Programme bestehen aus einer Folge von Gleichungen zur Definition des funktionalen Teils und einer Folge von LeFun-Klauseln.

Wie in FHCL ist die funktionale Auswertung in der Unifikation des deduktiven Apparates verkapselt. In FHCL wird während der Unifikation von Termen mittels *E-unify* die Auswertung mittels *eval* vorgenommen; in LeFun geschieht das Auswerten von Funktionen durch α, β, η - Konvertierung von Termen in Normalform.

Zum Transformieren von Gleichungen wird in FHCL die Funktion *solve* benutzt, welche die Regeln Variablenelimination, Dekomposition, Elimination von trivialen Ausdrücken und Failure anwendet.
In LeFun werden analoge Regeln zur Normalisierung von Gleichungen verwendet, zusätzlich sind jedoch noch zwei weitere Failure-Regeln notwendig:

1. $F \cup EQ(\lambda x.t, c(t_1, \ldots, ,t_n)) \implies failure$
2. $F \cup EQ(\lambda x.t, \lambda x.s) \implies failure$

Die Bedeutung dieser Regeln wird weiter unten bei der Behandlung eines Beispiels klar.

Das Ergebnis der Unifikation einer Menge von Gleichungen E mittels *E-unify* in FHCL ist ein Paar (σ, F), wobei σ die mittels Variablenelimination gefundenen Substitutionen und F die noch ungelösten Gleichungen enthält.
In LeFun ist das Ergebnis der Unifikation eine einzige Menge von Gleichungen, welche jedoch in zwei Teile partitioniert werden kann: Der sogenannte "gelöste Teil" ist die maximale Teilmenge von E mit Gleichungen der Form $x = t$, so daß x eine Variable ist; der "ungelöste Teil" besteht aus dem Rest der Gleichungen und wird als "E-Residuum" (*equational-residuation*) bezeichnet. Dementsprechend heißen Gleichungen aus dem gelösten Teil "S-Residuen" (*solved-residuation*).

Der gelöste Teil entspricht gerade der Substitution σ und das Residuum der Gleichungsmenge F, die als Ergebnis von *E-unify* anfällt.

Folgendes Beispiel aus [AKN89] soll dies verdeutlichen:

```
q(Z) :- p(X, Y, Z), X = V-W, Y = V+W, pick(V, W).
p(A, B, A*B).
pick(9, 3).

?- q(Ans).
```

Nach einem Resolutionschritt erzeugt das Zielstatement p(X, Y, Ans) das S-Residuum Ans = X*Y; als nächstes wird durch X = V-W ein neues S-Residuum erzeugt,

welches jedoch das vorhergehende durch Ersetzen von X verändert; man erhält `Ans = (V-W)*Y`. In einem nächsten Schritt erhält man `Ans = (V-W)*(V+W)` und schließlich wird durch `pick(9,3)` die Variable V und W instantiiert, wonach das S-Residuum zu `Ans = 72` normalisiert werden kann (für + und * sind dabei geeignete Funktionsdefinitionen angenommen).
Das Verändern von bereits gelösten Residuen entspricht in FHCL der Komposition von bereits gefundenen Substitutionen.

Ait-Kaci und Nasr beweisen die Vollständigkeit Ihrer erweiterten Unifikation relativ zu obigen *failure*-Fällen (1) und (2). Damit ist gemeint, daß im Falle der Terminierung die Unifikation die allgemeinste Lösung einer Menge von Gleichungen E findet, wenn es dazu nicht notwendig ist, eine Gleichung der Form $\lambda X.t = \lambda X.s$ zu lösen oder eine η - Reduktion vorzunehmen.
Ersetzt man im Zielstatement unseres Beispiels die Variable `Ans` durch einen Ausdruck, wie z.B. `c(R, 1)`, wobei c ein Konstruktor ist, terminiert der Unifikationsalgorithmus mit *failure*. Der Term `c(R, 1)` entspricht in LeFun nämlich einer Abstraktion, wodurch im Verlaufe der Unifikation die obige *failure*-Regel (1) zur Anwendung kommt. In FHCL wird eine solche Gleichung von einer als vollständig vorausgesetzten Unifikationsprozedur gelöst. Im Gegensatz zu LeFun können dadurch tatsächlich Gleichungen gelöst werden, während in LeFun lediglich die Auswertung von Ausdrücken vorgenommen wird.

Schließlich muß betont werden, daß durch die Möglichkeit, Funktionen höherer Ordnung auszuwerten, in LeFun ein attraktiver funktionaler Anteil mit Hornklausellogik kombiniert ist. Sehr viel Ähnlichkeit ist mit LOGLISP festzustellen, obwohl dieses System nicht in dem als Literaturübersicht angelegtem Teil von [AKN89] enthalten ist.

SUPER

Dieser Abschnitt 2.6 über Beispiele der Kombination von logischen und funktionalen Sprachen wurde mit der Beschreibung des LOGLISP - Systems begonnen; er soll nun mit einem Bericht über das System SUPER abgeschlossen werden. Die klammernde Funktion dieser beiden Systeme wird durch den Titel eines Aufsatzes von J.A.Robinson deutlich:*Beyond LOGLISP: combining functional and relational programming in a reduction setting* ([Rob88]); hieran ist auch die folgende Diskussion von SUPER angelehnt (siehe aber auch [RG87]).

Während die Zielsetzung von LOGLISP in der Kombination zweier getrennter Auswertungsmechanismen lag, einen für die Hornklauselsprache LOGIC und einen für die "funktionale Sprache" LISP, wird in SUPER ein einziger reduktions-basierter Abarbeitungsmechanismus verwendet (SUPER = Syracuse University Parallel Expression Reducer).

2.6 Beispiele aus der Literatur

Diese uniforme Behandlung von funktionalem und logischem Teil wird ermöglicht, wenn man LOGIC (oder Hornklauseln) analog zum reinen LISP als Reduktionssystem betrachtet.

Ein Programm für eine Relation R, also eine Menge von m Klauseln der Form

$$P(t_1^i, \ldots, t_n^i) \leftarrow B^i$$

wird dargestellt durch die folgende Gleichung:

```
R = lambda X (OR (for some Y1: (X = T1 and B1))
                       .
                       .
                 (for some Ym: (X = Tm and Bm)))
```

Hierbei ist X eine Liste von n verschiedenen formalen Variablen, Ti die Liste bestehend aus $t_1^i, \ldots, t_n^i$ und Yi die (möglicherweise leere) Liste der "lokalen" Variablen der i-ten Klausel.

Eine andere Art, die Definition einer Relation R als eine Gleichung zu sehen, ist:

```
(UNION   lambda X (for some Y1: (X = T1 and B1))
                         .
                         .
         lambda X (for some Ym: (X = Tm and Bm)))
```

Hierbei kann `lambda X` als "die Menge aller X, so daß" gelesen werden.

Die Relation APPEND ergibt sich damit zu:

```
APPEND = (UNION lambda (a, b, c) (for some x: a = [] and
                                              b = x and
                                              c = x)
                lambda (a, b, c) (for some x, y, z, w:
                                              a = [x.y] and
                                              b = z and
                                              c = [x.w] and
                                              (APPEND y z w)))
```

SUPER verfügt nun über die üblichen Ersetzungsregeln eines (reinen) LISP-ähnlichen Lambda-Kalküls zur funktionalen Auswertung von Ausdrücken. Für die Abarbeitung von obigen Beschreibungen von Relationen stehen weitere Regeln zur Verfügung, so daß Ausdrücke wie z.B.

```
lambda (p,q) (APPEND p q [1 2 3])
```

in Normalform übergeführt werden können. Mittels der Definition von APPEND und der sogenannten Expansionsregel erhält man:

```
(UNION lambda (p, q) (for some x: p = [] and
                                  q = x and
                                  [1 2 3] = x)
       lambda (p, q) (for some x, y, z, w:
                                  p = [x.y] and
                                  q = z and
                                  [1 2 3] = [x.w] and
                                  (APPEND y z w)))
```

Die Teilausdrücke [1 2 3] = x und q = z können nun mittels der Kontraktionsregeln benutzt werden, um zu vereinfachen:

```
(UNION lambda (p, q) ( p = [] and q = [1 2 3])
       lambda (p, q) (for some x, y, z, w:
                                  p = [x.y] and
                                  [1 2 3] = [x.w] and
                                  (APPEND y z w)))
```

Man kann sich leicht vorstellen, wie dieses Reduzieren weitere Tupel der Relation erzeugt, bis man schließlich die Normalform des "Aufrufs" erhält:

```
(UNION {([], [1 2 3])}
       {([1], [2 3])}
       {([1 2], [3])}
       {([1 2 3], [])})
```

Das Hauptcharakteristikum von SUPER liegt in der einheitlichen Auffassung von Funktionen und Relationen: er gibt keinen Unterschied zwischen logischen und nichtlogischen Variablen und insbesondere keine verschiedenen Abarbeitungsmechanismen. Dadurch erübrigt sich auch eine Einordnung ins FHCL-Schema; aufgrund der verschiedenartigen Zielsetzungen ist dies nicht angebracht.

Der Plan für eine Weiterentwicklung des SUPER-Ansatzes besteht darin, Funktionen höherer Ordnung zuzulassen und Unifikationsalgorithmen für typisierte Lambdakalküle zu verwenden. Eine andere Entwicklungsrichtung versucht, Techniken aus dem Bereich der Implementierung von funktionalen Sprachen, wie z.B. den Kombinator-Ansatz, zur effizienten Verarbeitung von SUPER zu nutzen.

3 Das FHCL-Programmiersystem

Eine Instantiierung des soeben eingeführten FHCL-Systems soll ausführlich vorgestellt und diskutiert werden. Dieses Programmiersystem ist bezüglich der Designentscheidungen sehr stark an LOGLISP [RS82] orientiert. In der Einleitung wurden bereits ausführlich die Vorteile der Verwendung von LISP als funktionalen Teil besprochen; im folgenden sei noch einmal auf einige Punkte hingewiesen:

- Innerhalb des funktionalen Teils können alle prozeduralen Sprachkonstrukte von LISP verwendet werden, ohne daß die Verwendung von Seiteneffekten auf das kombinierte System durchschlägt. Die prozeduralen Anteile des LISP-Systems bleiben tatsächlich für den logischen Anteil verborgen.

- Kommerzielle LISP-Systeme bieten einen äußerst umfangreichen Satz von vordefinierten Funktionen.

- Das Filesystem und die gesamte Peripherie des Computersystems kann effizient über das LISP-System benutzt werden.

- Es existieren effiziente Compiler für den LISP-Teil.

Die Implementierung der erweiterten Unifikation und Resolution weicht in einigen Details vom bisher behandelten theoretischen Rahmen ab; im folgenden wird dies ausführlich behandelt.

Die Bezeichnung des Programmiersystems ist gleich der des theoretischen Rahmens, wobei zu erwarten ist, daß sich dadurch keine Mehrdeutigkeiten ergeben.

Schließlich sei noch erwähnt, daß wir aus didaktischen Gründen die syntaktische Form der Hornklauseln zumeist unverändert lassen, obwohl im FHCL-System der HCL-Teil in einer LISP-ähnlichen Notation angegeben werden muß. Im Abschnitt 3.5 und im Anhang findet man ausführliche Beispiele in dieser Notation.

Eine ausführliche Beschreibung des Systems zusammen mit einer Bedienungsanleitung ist in [FHL86] zu finden. Ein Überblick bezüglich Semantik und Implementierung wird in [HFL85] gegeben.

Für den LISP-Unkundigen soll die folgende Kurzeinführung das Verständnis der Beispiele in diesem und im Abschnitt 6 erleichtern.

Der Kern von LISP auf einen Blick

Die elementare Datenstruktur von LISP bilden S-Ausdrücke, wie sie in der Fußnote von Seite 13 eingeführt wurden. Auch die dort erwähnte abkürzende Notation für Listen kann verwendet werden.

LISP-Ausdrücke haben Werte, die selbst wieder LISP-Ausdrücke sind.

Folgende Übersicht gibt für den Kern von LISP die Grundfunktionen und einige Beispiele mit Werten an.

- (QUOTE e) oder 'e liefert als Wert (wird im folgenden mittels --> notiert) e

    (QUOTE A) --> A

- (CAR '(e1.e2)) --> e1

    Bei Punktpaaren liefert CAR die erste Komponente, bei Listen das erste Element.

    (CAR '(A.(B.(A.NIL)))) --> A
    (CAR '(A B A)) --> A

- (CDR '(e1.e2)) --> e2

    Bei Punktpaaren liefert CDR die zweite Komponente, bei Listen den Rest der Liste.

    (CDR '(A.(B.(A.NIL)))) --> (B.(A.NIL))
    (CDR '(A B A)) --> (B A)

- (CONS 'e1 'e2) --> (e1.e2)

    CONS bildet ein Punktpaar aus seinen beiden Argumenten. Ist das zweite Argument eine Liste, läßt sich dies als "Anhängen vorne" des ersten Elementes interpretieren.

    (CONS 'A '(B.(A.NIL))) --> (A.(B.(A.NIL)))
    (CONS 'A '(B A)) --> (A B A)

- (EQUAL e1 e2) --> T, falls e1 und e2 gleichen Wert haben, sonst NIL. Dabei steht T für *wahr* und NIL für *false*.

  (EQUAL (CAR '(A B)) 'A) --> T

- (ATOM e) --> T, falls e ein Atom ist, sonst NIL.

  (ATOM 'ABA) --> T und (ATOM '(A B A)) --> NIL

- (COND (p1 e1) ... (pn en)) --> ei, wobei pi das kleinste i ist, dessen Wert nicht NIL ist.

  (COND ((ATOM 'A) 'B) (T ' C)) --> B

- a. Das Atom a kann als Variable einen Wert haben.

  LISTE --> (A B A)

- (DEF f (LAMBDA (v1 ... vn) e))

  Funktionsdefinition einer Funktion mit Namen f und formalen Parametern v1, ..., vn.

  Zum Beispiel

  (DEF FAC (LAMBDA (N)
        (COND ((EQUAL N 0) 1)
             (T (TIMES N (FAC (DIFFERENCE N 1))))))))

Neben zahlreichen mathematischen Operatoren, Prädikaten und Hilfsfunktionen, verfügt LISP auch über Schleifenkonstrukte, Zuweisungen und Konzepte, wie z.B. Eigenschafts- und Assoziationslisten.
So wird im Beispiel auf Seite 83 die Funktion assoc benutzt, um eine Liste aus Punktausdrücken zu durchsuchen:

```
(assoc x
       '((a . 3)
         (b . 4)
         (c . 3)
         (d . 5)
         (e . 12)
         (f . 4)
         (g . 3)
         (h . 3)))
```

liefert als Ergebnis das erste Paar, dessen erste Komponente gleich dem Wert von x ist. Also ergibt

```
(cdr
 (assoc 'd
     '((a . 3)
       (b . 4)
       (c . 3)
       (d . 5)
       (e . 12)
       (f . 4)
       (g . 3)
       (h . 3)))    )
```

den Wert 5.

Für eine Einführung in LISP sei auf das entsprechende, angenehm kurze Kapitel im KI-Lehrbuch [CM85] oder auf das ausführliche LISP-Lehrbuch [SG84] verwiesen.

3.1 Die Sprache

Der formale Rahmen für die Kombination von funktionalen Sprachen mit Hornklausellogik HCL wurde im Kapitel 2 behandelt. Die Instantiierung, die in diesem Abschnitt beschrieben wird, erhält man durch die Wahl von LISP als funktionale Sprache. Ein funktionales Programm $FP = \{deff_1, \ldots, deff_n\}$ ist damit eine Menge von LISP-Funktionsdefinitionen, wobei die Funktionsbezeichner gültige Funktionssymbole aus HCL sein müssen, da wir $F_{FL} \subseteq F$ gefordert hatten.

Das *nodes*-Beispiel aus Abschnitt 2.1 liest sich nun im FHCL-System wie folgt:

FL_2 :
    $+$: vordefinierte LISP-Funktion

HCL_2 :
    $nodes(nil, 0) \leftarrow$
    $nodes(maketree(L, N, R), +(+(NL, NR), 1)) \leftarrow$
        $nodes(L, NL),$
        $nodes(R, NR)$

Der LISP-Teil dieses Programmes besteht hier nur aus der bereits durch das System vorgegebenen LISP-Funktion für die Addition. Die Widerlegung der Zielklausel

$$\leftarrow nodes(maketree(nil, 0, maketree(nil, 0, nil)), x)$$

erfolgt nun analog zum Abschnitt 2.1 und liefert die Antwortsubstitution

$$\sigma = \{x/+(+(0,1),1)\}.$$

Diese Antwortsubstitution enthält einen Term, der weiter ausgewertet werden kann. Dazu wird der LISP-Interpreter verwendet, und man erhält die berechnete und evaluierte Antwortsubstitution

$$\sigma = \{x/2\}$$

Nun hatten jedoch unsere Überlegungen ergeben, daß durch die Semantik der Kombination auch eine Widerlegung von

$$\leftarrow nodes(T, 1)$$

möglich sein muß. Ohne den Graphen von "+" ist jedoch die Unifikation von $+(+(NL, NR), 1)$ mit 1 nicht möglich. Durch die erweiterte Unifikation wurde daher definiert, daß in diesem Fall das neue Teilziel $EQ(+(+(NL, NR), 1), 1)$ zur Liste der Teilziele hinzugefügt wird. In einem zusätzlichen Widerlegungskalkül sollte dann die transformierte Version dieses Teilzieles bei Bedarf widerlegt werden.

Die Implementierung von FHCL weicht insofern von diesem Schema ab, als hier nicht eine Gleichung hinzugefügt wird, sondern von der Existenz eines äquivalenten logischen Prädikats ausgegangen wird; es wird dann eine geeignete Instantiierung dieses Prädikats verwendet. Im folgenden Abschnitt erläutern wir diese Form der erweiterten Unifikation an Beispielen. Eine formale Definition dieser Unifikation zusammen mit einem Korrektheitsbeweis auf der Basis dieser Definition ist in [FH86] zu finden. Dieser Aufsatz enthält jedoch keine Behandlung der Vollständigkeit und ist speziell auf die dort gegebene Definition der erweiterten Unifikation zugeschnitten.

3.2 Erweiterte Unifikation und Resolution in FHCL

Da die folgende Beschreibung der erweiterten Unifikation nicht wie in Kapitel 2 durch Transformation eines Gleichungssystems erfolgt, benötigen wir den Begriff der *erweiterten Disagreement-Menge*:

Die **erweiterte Disagreement-Menge** einer Menge von Ausdrücken W erhält man durch

- Identifizierung des äußerst linken Symbols, an welchem nicht alle Ausdrücke übereinstimmen – dieses Symbol heißt *Disagreement-Symbol* – und daran anschließende

- Extraktion derjenigen Teilausdrücke aus W, die mit einem äußerst links stehenden Funktionssymbol beginnen, für welches eine Definition im funktionalen Teil existiert.

- Existiert kein solches Funktionssymbol, werden die Teilausdrücke, die mit dem Disagreement-Symbol beginnen, ausgewählt.

Sei z.B. $W = \{p(+(2,x)), p(+(3,y))\}$, so ist die erweiterte Disagreement-Menge $\{+(2,x), +(3,y)\}$.

Der **erweiterte Unifikationsalgorithmus** für zwei Atome A und B besteht aus den Teilschritten:

- Berechne die erweiterte Disagreement-Menge $\{s,t\}$ von A und B.

- LISP-evaluiere s und t mit dem Ergebnis s' und t'.

- Wenn ein Element der Disagreement-Menge eine Variable ist, unifiziere wie üblich.

- Wenn ein Element der Disagreement-Menge, also z.B. s', mit einem definierten Funktionssymbol beginnt, füge $eql'(s',t')$ zu einer Liste mit zusätzlichen Teilzielen hinzu. Fahre fort, die verbleibenden Teile von A und B zu unifizieren.

- Andernfalls, stop mit *failure*.

Dabei ist *eql(f)* ein *äquivalentes logisches Prädikat* und es gilt

$$eql'(f(t_1,\ldots,t_n),t) = eql(f)(t_1,\ldots,t_n,t)$$

Die erweiterte Unifikation von

$$nodes(maketree(L,N,R), +(+(NL,NR),1))$$

und

3.2 Erweiterte Unifikation und Resolution in FHCL

$$nodes(T, 1)$$

aus dem laufenden Beispiel, liefert schließlich die Disagreement-Menge

$$\{+(+(NL, NR), 1), 1\}$$

Wenn wir $eql(+) = add$ und eine geeignete HCL-Definition von add voraussetzen, erhalten wir als neues Teilziel

$$eql'(+(+(NL, NR), 1), 1) = add(+(NL, NR), 1, 1)$$

Dabei ist zu beachten, daß dieses Teilziel durchaus noch Vorkommen von "+" enthalten kann. In der üblichen Weise wird nun ein erweiterter Resolutionsschritt ausgeführt. Mit der Klausel

$$nodes(maketree(L, N, R), +(+(NL, NR), 1)) \leftarrow$$
$$nodes(L, NL),$$
$$nodes(R, NR)$$

und dem Ziel

$$\leftarrow nodes(T, 1)$$

ergibt sich z.B. als erweiterte Resolvente

$$\leftarrow nodes(L, NL), nodes(R, NR), add(+(NL, NR), 1, 1)$$

Der Unterschied zum formalen Rahmen im vorangegangenen Kapitel besteht also darin, daß anstatt des zusätzlichen Kalküls zum Lösen von Gleichungen hier wieder HCL verwendet wird. Statt eine Gleichung zu erzeugen, die dann im Verlauf einer Ableitung transformiert und gelöst wird, gehen wir hier mittels eines äquivalenten logischen Prädikates sofort zu einem HCL-Teilziel über.

Streng genommen müßte bei diesem Vorgehen erneut ein Beweis der Korrektheit und Vollständigkeit geführt werden. Wir wollen jedoch dieses System als Implementierung der in Abschnitt 2 gegebenen Spezifikation verstehen: Für theoretische Fragestellungen kann die Spezifikation, also der formale Rahmen des FHCL-Schema verwendet werden, während das Programmiersystem dieses Abschnitts eine korrekte Implementierung dieser Spezifikation ist.

3.3 Inverse Funktionen

Eine Erweiterung des Konzepts der Unifikation ist in FHCL implementiert, nämlich die Verwendung von inversen Funktionen. Hierdurch soll in bestimmten Fällen vermieden werden, auf den ineffizienten Mechanismus mittels äquivalenter logischer Prädikate auszuweichen. Wir wollen dazu ein weiteres Beispiel anführen:

FL_3 :
- **+** : vordefinierte LISP-Funktion
- ***** : vordefinierte LISP-Funktion
- **-** : vordefinierte LISP-Funktion

HCL_3 :
  $cats\_birds\_heads\_legs(x, y, x + y, 4 * x + 2 * y) \leftarrow$

Mit dem Ziel

$\leftarrow cats\_birds\_heads\_legs(2, v, 5, z)$

liefert die erweiterte Unifikation die Substitution

$\{x/2, y/v, z/4 * 2 + 2 * v\}$

und das neue Ziel

$\leftarrow add(2, y, 5).$

Wenn nun *add* wie folgt mittels des Konstruktors s definiert ist

$add(0, x, x) \leftarrow$
$add(s(x), y, s(z)) \leftarrow add(x, y, z)$

wird der Wert 3 für y auf relativ ineffiziente Weise bestimmt (die natürliche Zahl n ist hier nur abkürzende Schreibweise für $s^n(x)$). Sehr viel naheliegender und effizienter ist es in diesem Fall, auszunutzen, daß die Lösung mittels Evaluierung der zu + inversen Funktion − gefunden werden kann. Die erweiterte Unifikation von FHCL enthält daher noch eine Bedingung, die bisher nicht besprochen wurde. Nach dem dritten Schritt im Unifikationsalgorithmus von Seite 74 ist die folgende Abfrage einzuschieben.

- Andernfalls, wenn eine LISP-evaluierbare Anwendung einer inversen Funktion existiert, so daß der teilweise uninstantiierte Teilterm von s' oder t' evaluiert werden kann, ersetze diesen durch den Wert und fahre mit der Unifikation fort.

Dieser Mechanismus wird in der folgenden Beschreibung des Systems weiter präzisiert.

3.4 Systemumgebung

Hier soll auf einige Implementierungsaspekte des FHCL-Systems eingegangen werden, die für die Programmierung von Bedeutung sind. Dazu gehören der Deduktionszyklus des HCL-Teiles mit den Kontrollmöglichkeiten für Anwender, der Mechanismus zur Anwendung von inversen Funktionen und die Abfragemöglichkeiten an das System. Die folgenden Erläuterungen können und sollen natürlich kein Handbuch ersetzen – dazu sei auf [FHL86] verwiesen.

Deduktionszyklus

Die Implementierung des HCL-Teiles sollte die modelltheoretische Semantik im Sinne einer Spezifikation exakt erfüllen. Deshalb konnte kein PROLOG-ähnliches depth-first-Verfahren zum Aufbau des Ableitungsbaumes gewählt werden. Hierin spiegelt sich natürlich auch die Gesamtphilosophie des kombinierten FHCL-Systems. Die Hornklausellogik soll nicht zum Programmieren von (deterministischen) Funktionen verwendet werden, sondern zur Spezifikation von Relationen. Damit ist zu erwarten, daß für viele Anwendungen ein vollständiges Abarbeiten des Suchbaumes notwendig werden kann.

Das Hauptanliegen der vorliegenden Implementierung war weniger eine effiziente Verarbeitung, als ein Systementwurf, der für die Realisierung von echter Hornklausellogik geeignet ist.

Die Repräsentation von Klauseln erfolgt dabei nach [BM72] durch einen Skeletteil Q und einen Environmentteil E, wobei E die Variablenbindungen für Q enthält. Der Environmentteil ist eine Liste von Punktausdrücken, also Paaren der Form $(x \ . \ t)$. Durch die *rekursive Realisierung* wird zu einem Skeletteil und einem Environment dann die tatsächliche Klausel bestimmt. So ist z.B. die rekursive Realisierung von

$add(2, y, 5) \leftarrow$ und $((y \ . \ + (1, z))(z.2))$ die Klausel $add(2, +(1, 2), 5) \leftarrow$. Der Environmentteil von Programmklauseln und der ursprünglichen Zielklausel ist leer.

Die einzelnen Ableitungsschritte im HCL-Teil des Systems werden durch den sogenannten Deduktionszyklus durchgeführt. Hierzu sind zwei Mengen – bzw. in der Implementierung zwei Listen – notwendig. Die Liste *Waiting* dient zur Speicherung von Zielklauseln und die Liste *Solved* zur Aufnahme von leeren Klauseln, von denen der Environmentteil zur Bestimmung der berechneten Antwortsubstitution noch gebraucht wird.

In einem Ableitungsschritt wird nun eine Zielklausel aus der *Waiting*-Liste ausgewählt, alle möglichen Resolventen mit dieser Zielklausel berechnet und in die *Waiting*-Liste eingetragen. Nur wenn dabei eine leere Klausel auftritt, wird diese in die *Solved*-Liste eingetragen. Die Selektionsfunktion zur Auswahl der Zielklauseln aus der *Waiting*-Liste kann vom Benutzer gesteuert werden. Diese Kontrollmöglichkeit wird im folgenden Unterabschnitt beschrieben. Der Deduktionszyklus des Systems ist in Abbildung 6 skizziert.

3.4 Systemumgebung

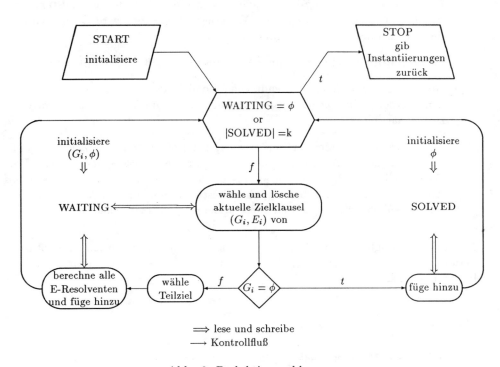

Abb. 6: Deduktionszyklus

Durch diese quasi-ODER-parallele Abarbeitung beim Erzeugen der Resolventen kann das FHCL-System als ein echt nicht-deterministisches Programmiersystem und als Simulationswerkzeug für Parallelverarbeitung genutzt werden.

Kontrolle von HCL

Im Zusammenhang mit der oben angesprochenen quasi-parallelen Abarbeitung sind zwei Kontrollmöglichkeiten zu nennen: Zum einen kann die Auswahl einer Zielklausel aus der *Waiting*-Liste durch verschiedene Parameter gesteuert werden, und zum anderen kann anschließend die Auswahl eines Teilzieles aus dieser Zielklausel verschieden bestimmt werden. Die letztgenannte Auswahl wurde im Zusammenhang mit SLD-Resolution durch die Berechnungsfunktion gesteuert. Im einzelnen können die entsprechenden Parameter so gesetzt werden, daß folgende Wirkung auftritt:

- *breadth-first-Abarbeitung* des Suchbaumes – mit dem Vorteil einer vollständigen Implementierung. D.h. wenn eine Widerlegung existiert, wird diese auch mit der breadth-first-Strategie gefunden.

- *depth-first-Abarbeitung* zur Simulation einer PROLOG-artigen Strategie.

- *random-Abarbeitung* für Anwendungen, die nicht-deterministische Berechnungen erfordern. Ein solches Beispiel wird ausführlich im Abschnitt über Smoothsort behandelt.

- *usr-Abarbeitung*, wobei der Benutzer explizit jede zu treffende Auswahl steuern kann. Dieser Abarbeitungsmodus ist für Testzwecke sehr nützlich. Der Benutzer kann z.B. in diesem Modus ganze Teile des Suchbaumes abschneiden, indem er die Abarbeitung eines bestimmten Zieles als *failure* definiert und anschließend in einen beliebigen anderen Modus zurückkehrt.

Neben diesen Möglichkeiten existiert natürlich auch eine Trace-Option zur Protokollierung der einzelnen Inferenzen, die für Debugging-Zwecke zur Programmentwicklung unerläßlich ist.

Queries

Im FHCL-System werden Zielklauseln grundsätzlich in ein *setof*-Konstrukt eingebettet. Die dadurch enstehenden *Queries* haben folgende Form:

$$setof(k, X, G)$$

wobei k eine natürliche Zahl oder die Zeichenreihe "*all*", X eine Liste von Variablen aus G und G eine Zielklausel ist. Eine solche *Query* wird mit k bzw. allen berechneten Antwortsubstitutionen, beschränkt auf die Variablen aus X, für G instantiiert.

Queries können sowohl aus dem LISP-Teil, als auch aus dem HCL-Teil heraus gestellt werden. Im HCL-Teil gilt jedoch zusätzlich die vereinfachte Konvention, daß Zielklauseln G als Abkürzung für

$$setof(all, X, G)$$

aufgefaßt werden.

Inversen-Mechanismus

Der Mechanismus zu Anwendung von inversen Funktionen anstelle von äquivalenten logischen Prädikaten wurde bereits erwähnt. Hier soll detaillierter auf einige Probleme in diesem Zusammenhang hingewiesen werden.

Nehmen wir die folgenden Gleichungen und zugehörigen Lösungen als Beispiel, wobei "−" die Subtraktion über nicht-negativen ganzen Zahlen bezeichnet.

$$5 - x = 3 \longrightarrow x = 5 - 3$$
$$x - 1 = 4 \longrightarrow x = 4 + 1$$

Der erste Fall steht für ein Vorkommen der Subtraktion, so daß das erste Argument einen Wert – hier die Konstante 3 – hat und das zweite Argument eine uninstantiierte Variable ist. Wenn dieser Term mit 3 unifiziert werden soll, ergibt sich eine Lösung für x unter Verwendung der Substraktion, nämlich $x = 5 - 3$. Im zweiten Fall befindet sich die uninstantiierte Variable an erster Argumentstelle, wodurch sich eine Lösung für x unter Verwendung der Addition ergibt, also $x = 4+1$. Es wird deutlich, daß je nach instantiierten Positionen von Argumenten einer Funktion verschiedene Inverse zur Berechnung der Unifikationsaufgabe verwendet werden müssen. Um die Effizienzsteigerung mittels dieses Mechanismus ausnutzen zu können, muß daher eine Funktion als *inverse-function-selector* angegeben werden. Wenn l für die linke, r für die rechte Seite der Gleichung und i für die Position der (einzigen) Variable steht, wäre dies im Beispiel die LISP-Funktion

```
(lambda (l r i)
        (cond ((eq i 1) (list '+ r (nth 2 l)))
              ((eq i 2) (list '- (nth 1 l) r))))
```

Zusätzlich zu dieser Selektion muß der Anwender aber u.U. auch noch eine Anwendbarkeitsbedingung formulieren. Da wir im Beispiel nicht-negative ganze Zahlen vorausgesetzt hatten, wird die folgende Funktion benötigt:

```
(lambda (l r i)
        (cond (( eq i 1) (not (lessp (nth 2 l) r)))
              (t t)))
```

Abschließend sei nochmals betont, daß der gesamte Inversenmechanismus zwar relativ aufwendig anzuwenden ist, andererseits aber tatsächlich nur der Effizienzsteigerung dient. Der Systembenutzer selbst kann entscheiden, ob der Effizienzgesichtspunkt für das jeweilige Programm den durch Angabe der Inversenselektion und Anwendbarkeitsbedingung erhöhten Aufwand rechtfertigt.

3.5 Ein FHCL-Beispiel

An einem kleinen Beispiel soll das implementierte FHCL-System vorgestellt werden.

Dabei sind die folgenden Systemzustände von Bedeutung:

HCL: In diesem Systemzustand kann der logische Teil des FHCL-Systems bearbeitet werden; es können Hornklauselprogramme editiert, gedruckt, gespeichert und eingelesen werden.

FFL: Hier wird der funktionale Teil bearbeitet; die Bearbeitung von LISP-Programmen analog zum HCL-Teil ist möglich.

MIX: Hier werden drei verschiedene Unterteile verwaltet, die mittels Editoren bearbeitet werden können:

>EQLLIST stellt die Beziehung zwischen Funktionssymbolen und äquivalenten logischen Programmen her.

>INVLIST enthält die Liste von inversen Funktionen und in

>APPLIST sind die zugehörigen Anwendbarkeitsbedingungen enthalten.

Wir verwenden im folgenden die FHCL-Syntax der prototypischen Implementierung aus [FHL86], d.h. daß Hornklauseln $A \leftarrow B_1, \ldots, B_n$ durch eine Liste von Atomen, also $(A\ B_1 \ldots B_n)$, dargestellt werden. Ebenso werden die Atome bzw. Terme durch Listen angegeben; $X(t_1, \ldots, t_n)$ z.B. wird damit als $(X\ t_1 \ldots t_n)$ notiert.

Die Aufgabe

Die Aufgabe besteht darin, ein Prädikat `knapsack` zu entwerfen, so daß (knapsack X Y N) gilt, wenn X eine Teilliste von Y ist und das Gewicht von X gleich N ist. Y besteht dabei aus Elementen mit vorgegebenem Gewicht, welches durch die Funktion `weight` gegeben ist.

Der funktionale Teil – FFL

In FFL sind die LISP-Funktionen zur Berechnung des Gewichts eines Elementes (`weight`) und einer Liste von Elementen (`addweight`) gegeben.

3.5 Ein FHCL-Beispiel

```
(def weight
  (lambda (x)
    (cond ((member x '(a b c d e f g h))
           (cdr
             (assoc x
                    '((a . 3)
                      (b . 4)
                      (c . 3)
                      (d . 5)
                      (e . 12)
                      (f . 4)
                      (g . 3)
                      (h . 3))))))
          (t (error)))))

(def addweight
  (lambda (x)
    (cond ((null x) 0)
          ((listp x) (+ (weight (car x)) (addweight (cdr x))))
          (t (error)))))
```

Schon an diesem kleinen Beispiel wird deutlich, daß die Vorteile des LISP-Systems elegant zur Programmierung verwendet werden können; die LISP-Funktion assoc zum Durchsuchen von Assoziationslisten kann zur Realisierung von weight verwendet werden.

Der logische Teil – HCL

Der HCL-Teil des Systems enthält die Prädikate zur Berechnung von knapsack. Dabei ist zu beachten, daß die Hornklausel für knapsack im Kopf einen Aufruf der Funktion addweight enthält. Noch dazu ist dieser Aufruf derart, daß bei üblichen Anwendungen des Prädikates, in denen X uninstantiiert und N gegeben ist, eine Unifikation von (addweight X) mit N beim Abarbeiten notwendig wird.

```
((knapsack X Y (addweight X)) (subset X Y))

((subset nil Z))
((subset (X . Y) Z) (delete X Z ZN) (subset Y ZN))

((delete X (X . Z) Z))
((delete X (Y . Z) (Y . ZN)) (delete X Z ZN))
```

Um tatsächlich für alle möglichen Instantiierungen in einer Query Antworten zu bekommen, müssen für die Funktionen des FFL-Teils des Systems äquivalente Prädikate angegeben werden. Damit diese Prädikate nicht nur für diesen Zweck zu Verfügung stehen, werden sie in den HCL-Teil aufgenommen:

```
((addweight1 nil 0))
((addweight1 (X . Y) (+ (weight X) (addweight Y))))

((weight1 a 3))
((weight1 b 4))
((weight1 c 3))
((weight1 d 5))
((weight1 e 12))
((weight1 f 4))
((weight1 g 3))
((weight1 h 3))

((add 0 Y Y))
((add (add1 X) Y (add1 (+ X Y))))
```

Die Definition von `addweight1`, die als logisches Pendant zur entsprechenden LISP-Funktion dienen soll, enthält wiederum Funktionen; sie benutzt sogar die Funktion `addweight` selbst.

Der organisatorische Teil – MIX

In der Liste EQLLIST dieses Teils muß die Zuordnung von Funktionssymbolen und äquivalenten logischen Programmen festgelegt werden; dabei ist die Namensähnlichkeit von Funktions- und Prädikatensymbol hier nur zur einfacheren Lesbarkeit verwendet:

```
((weight . weight1)
 (addweight . addweight1)
 (+ . add))
```

In der Liste INVLIST können Funktionen ihre Inversen zugeordnet werden; der erste Lambda-Ausdruck nach dem Funktionssymbol stellt die Inverse dar, während der zweite die Anwendbarkeitsbedingung (siehe oben) ist:

3.5 Ein FHCL-Beispiel

```
(add1
 (lambda (w w* hi) (list '- w* hi))
 (lambda (w w* hi) (not (lessp w* hi))))

(+
 (lambda (w w* hi) (list '- w* (nth (diff 3 hi) w)))
 (lambda (w w* hi) (not (lessp w* (nth (diff 3 hi) w)))))
```

Queries

Das bisher diskutierte Programm kann benutzt werden, um Queries mit den verschiedensten Möglichkeiten der Instantiierung zu berechnen.

Die folgende Instantiierung zeigt, wie alle Listen mit vorgegebenem Gewicht berechnet werden.

```
hcl: ((knapsack X (a b c d e) 6))        ;Benutzereingabe

(all 'X '((knapsack X (a b c d e) 6)));vom System transformiert

new member to solved : (a c)             ;erste Loesung
new member to solved : (c a)             ;zweite Loesung

((a c) (c a))                            ;Liste aller Loesungen
```

Es kann aber auch überprüft werden, ob eine Liste eine Teilliste mit gegebenem Gewicht ist:

```
hcl:((knapsack (a b) (a b c d e) 7)) ;Benutzereingabe

(all 't '((knapsack (a b) (a b c d e) 7)))  ;vom System
                                             transformiert

new member to solved : t           ;t fuer true ist eine Loesung

(t)                                ;und die einzige
```

Schließlich können aber auch Listen erzeugt werden:

```
hcl:(setof 5 '(X Y) '((knapsack X Y 7)));Benutzereingabe
(setof 5 '(X Y) '((knapsack X Y 7)))     ;5 Paare verlangt
```

```
new member to solved : ((a b) (a b . &Z_76))
new member to solved : ((a b) (a &Y_72 b . &Z_82))
new member to solved : ((a b) (a &Y_72 &Y_83 b . &Z_93))
new member to solved : ((a b) (a &Y_72 &Y_83 &Y_94 b . &Z_104))
new member to solved : ((a b) (a &Y_72 &Y_83 &Y_94 &Y_105 b .
&Z_115))


(((a b) (a b . &Z_76))                        ;SOLVED besteht aus
 ((a b) (a &Y_72 b . &Z_82))                  ;Variationen von Y
 ((a b) (a &Y_72 &Y_83 b . &Z_93))
 ((a b) (a &Y_72 &Y_83 &Y_94 b . &Z_104))
 ((a b) (a &Y_72 &Y_83 &Y_94 &Y_105 b . &Z_115)))
```

Bei diesem Beispiel wird der Einfluß der einstellbaren Abarbeitungsregeln auf die Reihenfolge der Ergebnisse natürlich besonders deutlich.

4 Parallelisierung von HCL

In der Beschreibung des Deduktionszyklus von FHCL im vorigen Abschnitt wurde bereits erwähnt, daß durch die Verwendung der Hornklausellogik im kombinierten System FHCL zu erwarten ist, daß im Suchbaum des HCL-Interpreters viele ODER-Verzweigungen vorkommen. Der Aufbau des FHCL-Systems wurde derart vorgenommen, daß ein breadth-first-Durchlaufen des Suchbaumes unterstützt wird. Wichtig war auch, daß der "random-Modus", in dem der Suchbaum auf nichtdeterministische Weise durchlaufen wird, ermöglicht wird.

Auf Grund dieser beiden Eigenschaften — "breiter" Suchbaum und Deduktionszyklus ausgerichtet auf breadth-first-Suche — bietet sich eine Parallelisierung des HCL-Teil des Systems auf natürliche Weise an.

Parallelisierung von Programmiersprachen und Inferenzsystemen ist Gegenstand zahlreicher Forschungs- und Entwicklungsprojekte. Nicht zuletzt durch das japanische "Fifth Generation Project" ausgelöst, sind oder werden viele verschiedene parallele Inferenzmaschinen entwickelt. Ein ausführlicher Überblick ist in [BKA+86] oder [Kob88] zu finden; hier sollen eher grundsätzliche Überlegungen zur Parallelisierung von Inferenzsystemen und insbesondere von Hornklausellogik diskutiert werden.

In diesem Abschnitt soll ein grober Überblick über Möglichkeiten der Parallelisierung in logischen Programmiersprachen gegeben werden, bevor dann auf die Parallelisierung des HCL-Teils von FHCL eingegangen wird.

Zuvor seien jedoch die Bgriffe ODER- und UND-Parallelität erläutert. Untersuchen wir dazu das Beispielprogramm

$$p \leftarrow q(x), r(x) \qquad (1)$$
$$q(a) \leftarrow \qquad (2)$$
$$q(b) \leftarrow \qquad (3)$$
$$r(b) \leftarrow \qquad (4)$$

und die Zielklausel $\leftarrow p$. Nach dem einzig möglichen ersten Ableitungsschritt erhält man das neue Ziel

$$\leftarrow q(x), r(x),$$

an dessen Weiterverarbeitung UND- und ODER-Parallelität demonstriert werden können:

Werden die beiden Teilziele $\leftarrow q(x)$ und $\leftarrow r(x)$ parallel und unabhängig voneinander gelöst, spricht man von UND-Parallelität. Daß dabei unter Umständen ein immenser Kommunikationsaufwand geleistet werden muß, ist offensichtlich. Es könnte nämlich $\leftarrow q(x)$ durch (2) mit der Antwortsubstitution $\sigma_1 = \{x/a\}$ und $\leftarrow r(x)$ durch (4) mit der Antwortsubstitution $\sigma_2 = \{x/b\}$ gelöst werden. Da aber σ_1 und σ_2 nicht kompatibel sind, müssen weitere Lösungen gesucht werden. Hier findet man natürlich beim Testen der nächsten Alternative sofort eine Lösung – im allgemeinen kann diese naive UND-Parallelisierung aber zu sehr vielen unnützen Berechnungen führen.

Alternativ zu diesem Vorgehen, könnten dagegen die verschiedenen möglichen Resolventen eines Zieles parallel berechnet werden. Im Beispiel kann $\leftarrow q(x), r(x)$ mittels (2) zu $\leftarrow r(a)$, aber auch mittels (3) zu $\leftarrow r(b)$ abgeleitet werden. Werden diese beiden Ableitungen parallel duchgeführt, spricht man von ODER-Parallelität.

Im Zusammenhang mit ODER- ist auch die *induzierte UND-Parallelität* zu nennen: Sobald eine Resolvente durch einen ODER-parallelen Prozeß, also z.B $\leftarrow r(a)$ berechnet wird, kann mit diesem neuen Ziel weitergearbeitet werden, während ein anderer Prozeß noch weitere Resolventen berechnet. Mit anderen Worten: das zweite Glied einer Konjunktion kann berechnet werden, sobald eine Antwortsubstitution für das erste gefunden wurde. Parallel dazu werden noch weitere Antwortsubstitutionen für das erste Glied der Konjunktion berechnet.

Im folgenden werden verschiedene Arten, Parallelarbeit in Logiksysteme einzubringen, behandelt:

Der Benutzer hat auf Sprachebene die Möglichkeit, die spätere parallele Verarbeitung zu spezifizieren und problemabhängig zu steuern. Dazu wird die Sprache des verwendeten Logikkalküls um geeignete Parallelisierungskonstrukte erweitert. Als Beispiel sei *PARLOG* [CG84] oder *PEPSYS* [CSW88] erwähnt. In beiden Systemen muß der Programmierer spezifizieren, welche Teile des Programmes ODER-parallel abgearbeitet werden sollen. Eine Möglichkeit dazu, wie sie in PARLOG verwendet wird, bieten die "Guarded Horn clauses". Hierbei wird der Rumpf einer Programmklausel in zwei Sequenzen von Atomen partitioniert, den Guardteil und den eigentlichen Rumpf. Beide Teile werden durch den *Commit-Operator* voneinander abgetrennt: $A : - Gs \| Bs$. Die Abarbeitung von solchen Klauseln geschieht nun mittels einer "verkrüppelten" ([Wes86]) Form der ODER-Parallelität: Verschiedene Klauseln werden so lange durch ODER-parallele Prozesse abgearbeitet, bis der erste Prozess am Commit-Operator einer Klausel anlangt; danach wird dann nur diese eine Klausel weiter verarbeitet.

Im systolischen Ansatz von Shapiro, *BAGEL* ([Sha84]) wird darüber hinaus auch noch vom Programmierer gefordert, die Verteilung der parallel abarbeitbaren Teile eines *Concurrent Prolog*-Programmes ([Sha86]) auf die einzelnen Prozessoren zu spezifizieren. Dazu schlägt Shapiro eine LOGO-ähnliche Erweiterung von Concurrent Prolog vor. Mittels *Turtle-Graphic*, also Kommandos wie *right* oder *forward*, die als Atome in den Klauseln angegeben werden können, wird die Erzeugung und Kommunikationsstruktur von Prozessen dynamisch gesteuert.

Dieses Vorgehen hat natürlich den Vorzug, daß Parallelisierungen gezielt für die jeweilige Anwendung vorgenommen werden können. Der Programmierer kann die in der Problemstellung inhärent vorhandenen Möglichkeiten zur Parallelisierung voll ausnützen. Es existieren deshalb auch Vorschläge, hybride Systeme zu benutzen, so daß zwei unterschiedliche Sprachtypen für die Programmierung der sequentiellen Teile einerseits und für die Spezifikation der Parallelisierung andererseits verwendet werden können. In [Jor86] z.B. werden Gleichungen für den sequentiellen Teil und Netzwerke für die Prozeßtruktur verwendet.

Schließlich besteht auch die Möglichkeit, die Parallelisierung ausschließlich auf dem Abarbeitungslevel in das System einzubringen. Die Sprachebene bleibt unverändert, und der Benutzer bemerkt nichts von der Parallelisierung – außer hoffentlich durch den Performanzgewinn.

Nachdem in dieser Arbeit bereits mehrfach argumentiert wurde, die Logikteile eines Programmiersystems frei von Seiteneffekten bzw. implementierungsabhängigen Details zu halten, kann hier natürlich nur die letzte der obigen Möglichkeiten weiter betrachtet werden. Es lassen sich natürlich auch dann noch verschiedene Arten der Parallelisierung auf der Abarbeitungsebene identifizieren:

- Das gesamte zu lösende Problem, in unserer Terminologie das zu widerlegende Ziel, wird als Ganzes an verschiedene Prozessoren übergeben. Jeder dieser Prozessoren verfügt über einen vollständigen Beweiser; die einzelnen Beweiser unterscheiden sich dabei lediglich in der verwendeten Strategie zur Auswahl der Klauseln bzw. in der Berechnungsregel. "Gewonnen" hat bei diesem wettbewerbsartigen Vorgehen der Prozeß, welcher als erstes Erfolg hat, siehe z.B. [FK87] oder für ein ähnliches Vorgehen den Ansatz mittels einer *multi-sequentiellen Maschine* nach [Ali87]. Wichtig bei einem solchem Ansatz ist natürlich, daß die Prozesse nicht ausschließlich konkurrieren, sondern bzgl. bereits gelöster Teilziele kommunizieren.

- Die Parallelisierung geschieht auf der Ebene des Logik-Interpreters bzw. der abstrakten, logikverarbeitenden Maschine. Hier wird also die Implementierung des Hornklauselbeweisers parallelisiert und nicht das Durchlaufen des Suchraums, der sich durch einen Beweis ergibt. In [Bee88] wird z.B. die Parallelisierung einer abstrakten PROLOG-Maschine mittels eines einfachen, pipelineartigen Netzes von Prozessen beschrieben. Mit diesem Ansatz wurde auch ein parallelarbeitender PROLOG-Coprozessor entwickelt.

- Die Struktur der Klauseln und die Eigenheiten des verwendeten Inferenzmechanismus bestimmen die potentiell parallel abzuarbeitenden Teile des Programmes. Typische Beispiele hierfür sind UND- bzw. ODER-Parallelität (vgl. [Wes86]).

In den folgenden beiden Unterabschnitten soll nun näher auf die ODER-Parallelität eingegangen werden, um dann die konkrete Parallelisierung von FHCL zu behandeln.

4.1 ODER-Parallelität

Warren gibt in [War87] einen Überblick über Modelle zur ODER-parallelen Abarbeitung von Prolog. Das zugrundeliegende abstrakte Modell von Warren sei hier kurz skizziert.

Die Berechnung eines Zieles wird als Baum aufgefaßt, dessen Knoten – die Tasks – mit Zielen markiert sind. Die Wurzel ist das anfänglich zu lösende Ziel; die unmittelbaren Nachfolger erhält man, indem alle möglichen Resolventen mittels des äußerst linken Teilzieles gebildet werden (hier verbirgt sich natürlich die Prolog – Berechnungsregel!). Während im sequentiellen Prolog-Fall ein Prozessor diesen Baum left-most-depth-first abarbeitet, können im parallelen Fall gleichzeitig verschiedene Zweige des Baumes behandelt werden. Die einzelnen Prozesse verhalten sich dabei im wesentlichen wie ein Prozeß im sequentiellen Fall. Im Prinzip ist das zugrundeliegende Ausführungsmodell hier sequentiell; nur wenn freie Prozessoren vorhanden sind, tritt tatsächlich Parallelarbeit auf; dies macht es erforderlich, daß jeder Prozeß über den vollen Backtracking-Mechanismus verfügen muß.

Auf der Basis dieses Modells gibt Warren nun verschiedene Verfeinerungen an. Diese zielen hauptsächlich darauf, die explizite Konstruktion des Abarbeitungsbaumes zu vermeiden. Vielmehr soll erreicht werden, daß die Repräsentation des Baumes ähnlich wie in der "Warren Abstract Machine" nur implizit geschieht, jedoch bei Bedarf, also z.B. beim Backtracking, Teile des Baumes rekonstruiert werden.

Die Vorteile dieses Vorgehens liegen darin, daß durch das Modell gerade soviel Parallelisierung vorgenommen wird, wie sie durch die Maschine angeboten wird; deshalb nennt Westphal das Verfahren auch *demand-Parallelismus*. Insbesondere bei der

Verwendung der Hornklausellogik für die Programmierung erscheint dieses Vorgehen sinnvoll. Zumeist handelt es sich hierbei um rekursive Programme, wodurch nur wenige ODER-Verzweigungen möglich sind. Es gibt in der Regel nämlich nur eine Klausel für den Terminierungsfall und eine für den rekursiven Aufruf — der größte Teil der Berechnung muß sequentiell erfolgen.

Wird die Hornklausellogik dagegen so eingesetzt, daß viele ODER-Verzweigungen existieren, wie dies zum Beispiel bei Anwendungen aus dem Bereich der Wissensrepräsentation der Fall ist, so ist wohl die Verwendung von feinkörnigerem Parallelismus von Vorteil. Einen solchen Ansatz haben wir bei der Parallelisierung von FHCL zugrundegelegt und werden im folgenden näher darauf eingehen.

4.2 FHCL auf Mehrprozessorsystemen

Ein weiterer Vorteil eines kombinierten logischen und funktionalen Systems wird im Zusammenhang mit der ODER- Parallelisierung deutlich: Während man die ODER-Parallelisierung von reiner Hornklausellogik mit relativ einfachen Modellen beschreiben kann, ist dies unter einer PROLOG-Semantik nur schwer möglich. Der Grund sind die Seiteneffekte, die im Rahmen einer ODER-parallelen Abarbeitung nicht sofort ausgeführt werden dürfen. Wenn z.B. das Programm

```
p :- write('a').                                           (1)
p :- write('b').                                           (2)
q(a).                                                      (3)
```

mit dem Ziel p aufgerufen wird und zwei Prozessoren jeweils die möglichen Alternativen, nämlich Resolution mittels Klauseln (1) oder (2) abarbeiten, darf Prozessor 2 natürlich nicht sofort bei Erfolg von write('b') den Seiteneffekt "b schreiben" ausführen. Es muß gemäß der PROLOG-Semantik sichergestellt sein, daß der Seiteneffekt "a schreiben" zuerst auftritt. Die meisten Implementierungen verlangen jedoch vom Benutzer, die parallel abzuarbeitenden Teile eines ODER-parallelen Programmes frei von jeglichen Seiteneffekten zu halten. In PEPSYS zum Beispiel können nur reine Hornklauselteile parallel abgearbeitet werden.

In FHCL dagegen ist ja gerade die Philosophie mittels reiner Hornklauseln zu programmieren; alle Seiteneffekte sollen vom funktionalen (oder besser gesagt: vom prozeduralen) Teil ausgeführt werden. Dadurch können wir zur Parallelisierung des HCL-Teils von logischen seiteneffektfreien Programmen ausgehen.

4.2.1 ODER-Paralleles FHCL

Beim Basis-Modell von Warren kann jeder Prozeß im Prinzip die gesamte Aufgabe lösen, d.h. er verfügt über Kontrollmöglichkeiten, um den gesamten Suchbaum in PROLOG-Art zu durchlaufen.

Wir schlagen hier ein sehr viel radikaleres Konzept vor: Die einzelnen Prozesse sind lediglich in der Lage, elementare Aufgaben zu lösen und haben keinerlei Information über den Gesamtfortgang der Arbeiten zur Verfügung. Ein verwandtes Modell ist die ODER-parallele *token-Maschine* von Ciepielewski, die auch in [Kob88] beschrieben ist oder das *Pool-Modell* aus [EB88].

Wir verwenden ein Pool-Modell mit mehreren Slaves und einem Master-Prozeß wie in Abbildung 7 dargestellt.

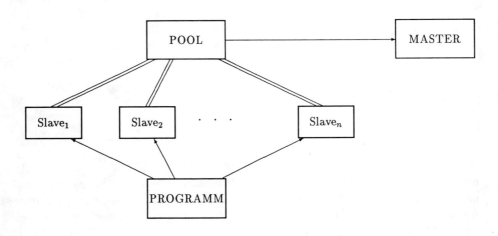

Abb. 7: Das Pool-Modell

- Der *Pool* enthält dabei zu jedem Zeitpunkt der Abarbeitung die zu lösenden Ziele, die sich aus ODER-Verzweigungen ergeben – zu Beginn der Verarbeitung also ein einziges zu widerlegendes Ziel G_0.

- Jeder der *Slave-Prozesse* löst nun die folgende Aufgabe: Er holt sich aus dem *Pool* ein Ziel G_i und bildet gemäß einer gegebenen Berechnungsregel alle Resolventen mittels des gegebenen Programmes. Jede dieser Resolventen entspricht ja einem ODER-parallel zu lösenden neuen Ziel. Der *Slave* transportiert diese neuen Ziele zurück in den *Pool*. In Abbildung 7 sind die Kanäle, entlang mit denen Ziele transportiert werden können, durch Doppellinien dargestellt. Man beachte, daß es sich hierbei um ganze Ziele und nicht Teilziele handelt. Im einführenden Beispiel von Seite 87 könnte sich ein *Slave* z.B. das Ziel

$$\leftarrow q(x), r(x)$$

aus dem Pool holen, dann die beiden Resolventen

$$\leftarrow r(a) \text{ und } \leftarrow r(b)$$

bilden und sie in den Pool zurückgeben.

- Der *Master* ist für Kontrollfunktionen auf dem *Pool* zuständig. Er überprüft, ob eines der Ziele, welches von den *Slaves* angeliefert wird, die leere Klausel ist, speichert die zugehörige Antwortsubstitution und bricht den gesamten Ablauf ab, wenn die vom Benutzer spezifizierte Anzahl von Lösungen gefunden ist.

Die Vorteile dieses Modells liegen offensichtlich im gering gehaltenen Kommunikationsaufwand:
Die einzelnen Slave-Prozesse benötigen keinerlei Kommunikation untereinander; insbesondere muß kein Prozessor auf ein Ergebnis eines anderen warten. Es existiert nur ein einziger zentraler Kontrollmechanismus, nämlich der *Master*. Dieser ist für die Gesamtkontrolle, also auch für die Verteilung der Ziele aus dem *Pool* an die einzelnen *Slaves*, zuständig. Er ist also im wesentlichen für die Vollständigkeit des Verfahrens zuständig.

Die Architektur aus Abbildung 6 kann nun auf sehr einfache Weise abgeändert werden, so daß sie genau dem oben spezifizierten Pool-Modell entspricht. Man faßt dazu die Liste *WAITING* als den *Pool* auf und partitioniert das Ablaufdiagramm, wie in Abbildung 8 dargestellt.

Nun müssen nur noch mehrere Versionen der SLAVES eingeführt werden, und man erhält eine durch das Pool-Modell beschriebene Architektur.

Zu betonen ist nochmals, daß trotz dieser Parallelisierung von FHCL der Deduktionszyklus nicht völlig neu definiert werden muß; die Parallelisierung wird durch die *random-Abarbeitung* des seriellen FHCL modelliert. Dort war, wenn eine random-Auswahl der Klauseln gewählt wurde, nicht vorhersagbar, welche Lösung als erste gefunden werden wird. Im ODER-parallelen Fall gilt dies natürlich auch, da hier keine Aussagen über die Reihenfolge der Bearbeitung von Zielen aus dem *Pool* gemacht werden können. Man erkennt auch direkt aus dem Vergleich der Abbildung 8 mit der Abbildung 6 aus dem vorigen Abschnitt, daß die Parallelisierung lediglich aus einer geschickten Partition des Deduktionszyklus besteht.

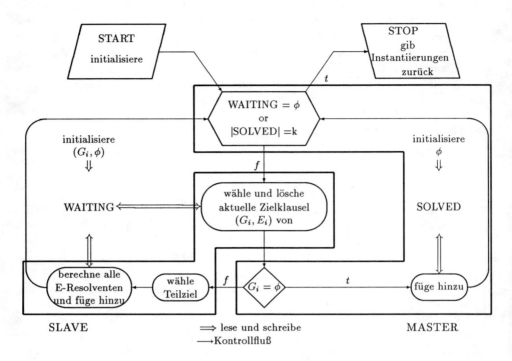

Abb. 8: Parallelisierung des Deduktionszyklus

4.2.2 Implementierung

Die beschriebene ODER-parallele Version von FHCL existiert in einer simulierten Version und in einer Implementierung auf einem Multiprozessorsystem.

Zur Simulation wurde das System in C unter XENIX auf einem PC-AT-kompatiblen Rechner implementiert. Die Zahl der *Slaves* kann dabei vom Benutzer eingestellt werden. Die Kommunikation der Slaves mit dem Master erfolgt über sog. *pipes*, die vom System zur Verfügung gestellt werden.

Für die Implementierung auf einem Multiprozessorsystem standen Prozessoren des Typs Motorola 68000 unter dem UNIX-ähnlichen Betriebsystem OS-9 zur Verfügung. Dabei wurde folgende Vernetzung gewählt: Die Slave-Prozessoren sind durch einen Bus miteinander verbunden, der durch ein Token-Ring-Verfahren vergeben wird. Eine dieser *Slave*-CPU's ist als *Router*-CPU ausgezeichnet und ist für die Datenübertragung zum *Master* zuständig.

4.2 FHCL auf Mehrprozessorsystemen

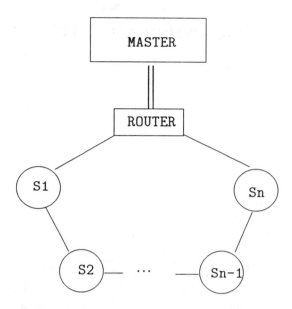

Abb. 9: Slave-, Router- und Master-CPU

Der *Master*-Teil des Systems ist ein Einprozessor-Rechner, der für den Betrieb der Peripherie zuständig ist. Die Verbindung zum Slave-Teil erfolgt über ein lokales Netz. In der Figur 9 ist diese Verbindung durch eine Doppellinie gekennzeichnet.

Genau diese Verbindung hat sich allerdings als Flaschenhals erwiesen. Da der Master ständig den Pool überwachen muß, um Aufgaben für die Slaves im Pool bereitzustellen, ist die Übertragungsrate über das lokale Netz zu langsam.

Der Effekt des Flaschenhalses ist eine Verlangsamung der Performanz, so daß diese Implementierung nur als prototypische Studie für unser Pool-Modell aufgefaßt werden kann. Varianten dieses Modells werden in Implementierungen eines Theorembeweisers für Prädikatenlogik 1. Stufe, dem PARTHEO-System, derzeit weiterverfolgt [EB88]. Dieser Theorembeweiser ist auf einem Transputernetzwerk aus 16 Prozessoren implementiert und zeigt im Vergleich mit der entsprechenden sequentiellen Version SETHEO befriedigende Speedups. So wird z.B. beim 8-Königinnen-Problem ein Speedup von 9.2 erreicht – bei Beispielen aus dem Bereich des Theorembeweisens werden sogar bis zu hundertfache Speedups erreicht ([SL89]).

5 Termersetzungssysteme im FHCL-Schema

An verschiedenen Stellen wurde bereits darauf hingewiesen, daß Termersetzungssysteme als ein wichtiges Paradigma der funktionalen Programmierung die funktionale Komponente einer Instantiierung des FHCL-Schemas bilden können.

In den folgenden Abschnitten werden Termersetzungssysteme zusammen mit einer Reduktionsrelation eingeführt und in unser FHCL-Schema eingeordnet.

Da in der Forschung auf dem Gebiet der Termersetzungssysteme eine Vielzahl von Ansätzen zu finden ist, die darauf zielen, Termersetzungssysteme auch einer logischen Abarbeitung zugänglich zu machen, soll hier prototypisch die *Narrowing*-Relation untersucht werden. Wir werden dazu zeigen, daß Termersetzungssysteme als Spezialfall von Hornklauseln aufzufassen sind und daß sich Reduktion und Narrowing, also funktionale und logische Abarbeitung, jeweils als Spezialfall der Paramodulationsregel darstellen lassen. Dieses Vorgehen basiert auf dem Resultat aus [Fur87], wo die Vollständigkeit von Eingaberesolution und Paramodulation *ohne* die Faktorisierung bewiesen wurde. In [FHS89a] und [Höl89] wurde dieser Ansatz auch auf gerichtete Paramodulation übertragen, die in diesem Abschnitt zur Einordnung von Termersetzungssystemen dient.

5.1 Termersetzungssysteme als funktionale Sprache

In vorliegendem Abschnitt sind einige elementare Notationen aus dem Bereich der Termersetzungssysteme zusammengefaßt. Für eine detaillierte Einführung sei auf [HO80], [Hul80] oder das Lehrbuch [HK89] verwiesen.

Seien s und t Terme, dann heißt $s \doteq t$ eine *Regel*, wenn gilt $Var(t) \subseteq Var(s)$. Eine Menge von Regeln nennen wir *Termersetzungssystem*.
Der folgende Abarbeitungsmechanismus für solche Regeln benutzt $s \doteq t$ nicht als Gleichung, sonder immer nur gerichtet von links nach rechts. Wenn man dies berück-

5.1 Termersetzungssysteme als funktionale Sprache

sichtigt, verhindert die obige *Variablenbedingung*, daß beim Anwenden einer Regel neue Variablen im Verlaufe einer Berechnung eingeführt werden können.

Sei E ein Termersetzungssystem, dann ist die Relation *Reduktion* (i.Z. $\stackrel{E}{\leadsto}$) über Termen gegeben durch:

$$u \stackrel{E}{\leadsto} v, \quad \text{g.d.w.}$$

- es gibt eine neue Variante einer Regel $s \doteq t$ aus E und
- ein Vorkommen $\pi \in O(u)$ und
- eine Substitution σ,

so daß $s\sigma = u|\pi|$ und $v = u|\pi \leftarrow t\sigma|$ gilt.

Es wird also ein Vorkommen eines Teiltermes in u, welches ein Beispiel für s ist, durch das entsprechende Beispiel von t ersetzt. Zu beachten ist, daß hier, im Gegensatz zur Paramodulation, nicht unifiziert wird. Die Substitution σ in obiger Definition wird nur auf die linke Seite der Regel – und nicht auf den Term u – angewendet; man nennt dieses "einseitige Unifizieren" auch *matchen*.

Im folgenden wird immer, wenn das Termersetzungssystem E eindeutig ist, $\stackrel{E}{\leadsto}$ mittels $\leadsto$ notiert.

Sei z.B. das folgende Termersetzungssystem E gegeben:
$$E = \{ \quad 0 + x \doteq x,$$
$$succ(x) + y \doteq succ(x + y) \quad \}$$

Dann läßt sich die Ableitung

$$succ(0) + 0 \leadsto succ(0 + 0) \leadsto succ(0)$$

bilden. Auf $succ(0)$ ist keine weitere Regel mehr anwendbar. Im Falle von

$$succ(x) + 0 \leadsto succ(x + 0)$$

dagegen ist schon eine weitere Reduzierung von $succ(x + 0)$ nicht möglich, da beim Reduzieren keine Substitutionen auf den zu reduzierenden Term angewendet werden dürfen. Ein Term t heißt *normal* oder *kanonisch* (bzgl. eines Termersetzungssystems), g.d.w. es keinen Term s gibt, so daß $t \leadsto s$ gilt. Im obigen Beispiel ist demnach $succ(x + 0)$ normal; dies gilt dagegen nicht für $succ(0 + x)$, da

$$succ(0 + x) \leadsto succ(x)$$

gebildet werden kann.

Die Relation $\leadsto$ heißt *noethersch* oder *terminierend* g.d.w. es keine unendliche Sequenz der Form $s_1 \leadsto s_2 \leadsto s_3 \leadsto \ldots$ gibt. Die Relation $\leadsto$ heißt *konfluent* g.d.w.

für alle Terme s, u, und v gilt: $s \overset{*}{\leadsto} u$ und $s \overset{*}{\leadsto} v$ impliziert, daß es einen Term t gibt, so daß $u \overset{*}{\leadsto} t$ und $v \overset{*}{\leadsto} t$ gilt.

Ein Termersetzungssystem heißt noethersch (konfluent), g.d.w. $\leadsto$ noethersch (konfluent) ist. Noethersche und konfluente Termersetzungssysteme heißen kanonisch.

Der folgende grundlegende Satz kann als Begründung für die Verwendung von Termersetzungssystemen als funktionale Programmiersprache angesehen werden.

Satz 5.1 *In einem kanonischen Termersetzungssystem führt jede Ableitung mittels Reduktion, die mit einem Term s beginnt, zu einer eindeutig bestimmten Normalform von s.*

Mittels der Reduktionsrelation und der Vereinbarung, daß Terme, welche keine im Termersetzungssystem definierten Funktionssymbole enthalten, als Daten aufgefaßt werden, kann nun mit Gleichungen gerechnet werden. Ist das Termersetzungssystem noethersch und konfluent, kann es offensichtlich als ein funktionales Programm aufgefaßt werden.

Folgendes Termersetzungssystem kann z.B. zum Konkatenieren von Listen benutzt werden. Listen werden dabei als S-Ausdücke notiert.

$$
\begin{aligned}
append(nil, x) &\doteq x \\
append(x, nil) &\doteq x \\
append((x \ . \ y), z) &\doteq (x \ . \ append(y, z))
\end{aligned}
$$

Eine Anfrage der folgenden Form

$$x \doteq append((a \ . \ (b \ . \ nil)) \ , \ (c \ . \ nil))$$

kann dadurch beanwortet werden, daß die rechte Seite der Gleichung reduziert wird:

$$append((a \ . \ (b \ . \ nil)) \ , \ (c \ . \ nil)) \leadsto (a \ . \ append((b \ . \ nil) \ , \ (c \ . \ nil))) \leadsto$$

$$(a \ . \ (b \ . \ append(nil, (c \ . \ nil)))) \leadsto (a \ . \ (b \ . \ (c \ . \ nil)))$$

Das Termersetzungssystem für *append* ist terminierend und konfluent: Zur Terminierung untersucht man das erste Argument von *append*; dies ist eine Liste, die bei jedem "rekursiven Aufruf" von *append* verkürzt wird, wodurch keine unendliche Folge von Reduktionen auftreten kann. Die Konfluenz des Sytems erkennt man durch folgende Überlegung: Ein Term $append(l_1, l_2)$ kann mittels zwei verschiedenen Regeln reduziert werden, wenn l_1 und l_2 beide *nil* sind. Dann kann sowohl Regel 1 als auch Regel 2 benutzt werden: in jedem Fall erhält man jedoch das gleiche Ergebnis, nämlich *nil*. Eine andere Möglichkeit der Mehrdeutigkeit besteht darin, wenn l_2 gleich *nil* und l_1 eine Liste ist; dann kann nämlich Regel 2 oder Regel 3 angewendet werden. Man erkennt auch hier, daß beide Fälle zum gleichen Ergebnis l_1 führen – "lediglich" bezüglich der Effizienz bestehen Unterschiede. Im allgemeinen ist der Nachweis der Terminierung von Termersetzungssystemen aufwendiger; für einen Überblick sei auf [BB87] verwiesen. Für die Konfluenz ist für den Fall von terminierenden Termersetzungssystemen die lokale Konfluenz (wie am Beispiel demonstriert) hinreichende und notwendige Bedingung.

Das Ergebnis obiger Reduktionsfolge, der Term $(a \,.\, (b \,.\, (c \,.\, nil)))$, ist in Normalform, und wegen der Kanonizität des Termersetzungssystems für *append* ist diese Normalform auch eindeutig. Wir können daher $(a \,.\, (b \,.\, (c \,.\, nil)))$ als Ergebnis der Berechnung von $append((a \,.\, (b \,.\, nil)) \,,\, (c \,.\, nil))$ mit dem (funktionalen) Termersetzungsprogramm *append* auffassen.

Anders ist die Situation, wenn wir versuchen, die folgende Anfrage zu lösen:

$$(a \,.\, (b \,.\, (c \,.\, nil))) \doteq append(x, (c \,.\, nil))$$

Wiederum könnten wir den Term $append(x, (c \,.\, nil))$ versuchen zu reduzieren, bis eine Normalform gefunden wird, die gleich $(a \,.\, (b \,.\, (c \,.\, nil)))$ ist. Allerdings erkennt man sofort, daß kein Reduktionsschritt mit einer der drei Regeln für *append* möglich ist. Dazu müßte nämlich bei Klauseln 1 und 3 eine Substitution für x in einem Teilterm des *Aufrufs*, nämlich in $append(x, (c \,.\, nil))$ vorgenommen werden, und dies ist nach Definition von $\rightsquigarrow$ nicht erlaubt. Mit Klausel 2 ist ebenfalls kein Reduktionsschritt möglich, da hierbei *nil* ungleich $(c \,.\, nil)$ ist.

Um obige Anfrage zu beantworten, ist eine logische Interpretation des Gleichungssystems für *append* notwendig. Nun existieren in der Literatur sehr viele Vorschläge, Termersetzungssysteme so zu erweitern, daß auch eine "logische" Abarbeitung möglich wird. Beispiele basierend auf der sog. Narrowing-Regel sind zu finden in [Boc87, Boc88] oder [NRS87, Red85]. Hier soll demonstriert werden, daß die Idee dieser zusätzlichen Inferenzregel bereits in unserer Behandlung der Gleichheit aus Abschnitt 1 enthalten ist. Dabei muß jedoch erwähnt werden, daß durch Arbeiten auf diesem Gebiet viele sehr gute Vorschläge entstanden sind, den immensen Suchraum beim Anwenden der Narrowing-Regel einzuschränken. Dies wird weiter unten ausführlicher diskutiert.

5.2 Von Hornklausellogik zu Termersetzungssystemen

Untersucht man die Gleichungen eines Termersetzungssystems, so erkennt man auf einen Blick, daß sich $s \doteq t$ auf natürliche Weise auch als Atom mit dem Prädikatensymbol EQ in der Form $EQ(s,t)$ schreiben läßt.

Gleichungsprogramme

Definition: Hornklauseln, welche als einziges Prädikatensymbol EQ enthalten, heißen *Horngleichungen*. Ein logisches Programm, welches nur Horngleichungen enthält, heißt *logisches Gleichungsprogramm* oder *Gleichungsprogramm* (*equational logic program*).

Die Semantik von solchen Programmen ist ausführlich in [FHS89a] definiert und untersucht. Insbesondere ist dort die Korrektheit und Vollständigkeit eines Kalküls bewiesen, der Paramodulation als Hauptinferenzregel benutzt. Die Resolutionsregel ist für Gleichungsprogramme bis auf eine bestimmte spezielle Form, nämlich die Reflektion, nicht mehr notwendig.

Die Paramodulationsregel wurde bereits in Abschnitt 1 eingeführt, so daß hier nur noch die Reflektion, ähnlich wie in [Fri84], definiert werden muß:

Definition: Sei G eine Zielklausel der Form $\leftarrow D \cup \{EQ(s,t)\}$ und s und t seien mit mgu σ unifizierbar. Dann ist $G' =\leftarrow D\sigma$ durch *Reflektion* aus G abgeleitet. G' heißt *Reflektant* von G mittels σ.

Reflektion bildet demnach gerade die Resolutionsschritte mit dem Reflexivitätsaxiom nach.

Definition: Sei EP ein Gleichungsprogramm und G eine Zielklausel. G' heißt abgeleitet von G mittels σ, falls G' Paramodulant von G und einer Gleichung aus EP mittels σ oder G' ein Reflektant von G mittels σ ist.

Die Begriffe *Ableitung, Widerlegung* und *Antwortsubstitution* sind analog definiert.

Der letzte Ableitungsschritt in einer Widerlegung muß offensichtlich ein Reflektionsschritt sein, da dies die einzige Möglichkeit ist, die leere Klausel zu erhalten.

Um nun die Korrektheit und Vollständigkeit von Paramodulation und Reflektion für Gleichungsprogramme zu erhalten, müssen die funktional reflexiven Axiome mitberücksichtigt werden. Im folgenden Beispiel wird dies demonstriert:

5.2 Von Hornklausellogik zu Termersetzungssystemen

$$\text{FUN} = \{$$
$$EQ(g,a) \leftarrow , \qquad (g)$$
$$EQ(f(c(g),c(a)),d(c(g),c(a))) \leftarrow \qquad (f)$$
$$\}$$

Sei nun $\sigma = \{x/c(a)\}$ und $G = \leftarrow EQ(f(x,x), d(x,x))$, so erhält man eine Widerlegung von $G\sigma$:

$G\sigma = \quad \leftarrow EQ(f(c(\underline{a}),c(a)),d(c(a),c(a)))$
$\qquad \downarrow \text{Paramodulation mit } (g)$
$\quad \leftarrow EQ(f(c(g),c(a)),d(c(\underline{a}),c(a)))$
$\qquad \downarrow \text{Paramodulation mit } (g)$
$\quad \leftarrow EQ(\underline{f(c(g),c(a))},d(c(g),c(a)))$
$\qquad \downarrow \text{Paramodulation mit } (f)$
$\quad \leftarrow \underline{EQ(d(c(g),c(a)),d(c(g),c(a)))}$
$\qquad \downarrow \text{Reflektion}$
$\qquad \square$

Man überzeugt sich leicht, daß eine Widerlegung von G ohne funktional reflexive Axiome nicht möglich ist. Schließlich müßte in einer solchen Ableitung die Gleichung (f) mindestens einmal angewendet werden. Um aber Paramodulation mit (f) anwenden zu können, müßte x z.B. mit $c(a)$ instantiiert und anschließend ein Vorkommen von a mittels Paramodulation durch g ersetzt werden. Eine solche Instantiierung von x ist jedoch nur mit dem funktional reflexiven Axiom $EQ(c(y),c(y)) \leftarrow$ möglich:

$G = \quad \leftarrow EQ(f(\underline{x},x),d(x,x))$
$\qquad \downarrow \text{Paramodulation mit funktional reflexivem Axiom}$
$\quad \leftarrow EQ(f(c(\underline{y}),c(y)),d(c(y),c(y)))$
$\qquad \downarrow \text{Paramodulation mit } (g)$
$\quad \leftarrow EQ(f(c(g),c(a)),d(c(a),c(a)))$

$\downarrow$ wie oben
$\vdots$

Sei EP ein Gleichungsprogramm, $F(EP)$ die Menge seiner funktional reflexiven Axiome und $EP^+ = EP \cup F(EP)$. Damit gilt das folgende Resultat aus [FHS89a]:

Satz 5.2 (Korrektheit und Vollständigkeit) *Sei EP ein Gleichungsprogramm und G eine Zielklausel. Jede berechnete Antwortsubstitution für $EP \cup \{G\}$ ist eine korrekte Antwortsubstitution für $EP \cup EQA(EP)$. Für jede korrekte Antwortsubstitution θ für $EP \cup EQA(EP) \cup \{G\}$ gibt es eine berechnete Antwortsubstitution σ aus einer Widerlegung von $EP^+ \cup \{G\}$ und eine Substitution γ, so daß $\theta = \sigma\gamma \mid_{Var(G)}$ gilt.*

Gleichungsprogramme als Termersetzungssystem

Nun können wir durch Spezialisierungen von den Gleichungsprogrammen zu Termersetzungssystemen kommen. Im Falle der Termersetzungssysteme war deutlich, daß die Reduktionsrelation eine Richtung auf den Gleichungen $s \doteq t$ festgelegt hatte. Dieses "Richten" soll nun auch hier erfolgen:

Definition: Eine *gerichtete Gleichung* erhält man aus einer (Horn-)Gleichung, indem das Prädikat EQ im Kopf der Gleichung durch das Infixsymbol $\Rightarrow$ ersetzt wird. Die gerichtete Gleichung $s \Rightarrow t \leftarrow D$ unterscheidet sich von der Gleichung $EQ(s,t) \leftarrow D$ lediglich dadurch, daß die Paramodulationsregel nicht mehr symmetrisch angewendet werden darf. Es kann nun nur noch ein Beispiel eines Vorkommens von s durch das entsprechende Beispiel von t ersetzt werden.

Ein *gerichtetes Gleichungsprogramm* ist ein Gleichungsprogramm, welches nur gerichtete Gleichungen enthält.

Definition: Ein *konditionales Termersetzungssystem* ist ein gerichtetes Gleichungsprogramm, in dem für jede gerichtete Gleichung $s \Rightarrow t \leftarrow D$ gilt:

$$Var(t) \subseteq Var(s) \quad \text{und} \quad Var(D) \subseteq Var(s)$$

Den Zusammenhang mit den in Abschnitt 5.1 definierten Termersetzungssystemen folgt aus folgendem trivialen Korrollar:

Korollar 5.3 *Ein Termersetzungssystem ist ein gerichtetes Gleichungsprogramm, welches nur Fakten enthält.*
Wenn E ein Termersetzungssystem ist, gilt $u \stackrel{E}{\leadsto} v$, g.d.w. $EQ(v,u)$ ein Paramodulant von $EQ(u,u)$ mittels einer Gleichung $s \Rightarrow t \leftarrow$ und einem mgU θ ist, so daß $\text{Dom}(\theta) \subseteq Var(s)$.

Beweis: Der erste Teil des Korollars ergibt sich unmittelbar aus den Definitionen. Sei nun E ein Termersetzungssystem und gelte $u \stackrel{E}{\leadsto} v$, dann gibt es
- eine neue Variante einer Regel $s \doteq t$ aus E und
- ein Vorkommen $\pi \in O(u)$ und
- eine Substitution σ,

so daß $s\sigma = u|\pi|$ und $v = u|\pi \leftarrow t\sigma|$ gilt. Da s und u keine Variablen gemeinsam haben und es einen mgu θ mit $s\theta = u|\pi|\theta$ und $u\theta = u$ gibt, ist $EQ(v,u)$ Paramodulant von $EQ(u,u)$ mit $\text{Dom}(\theta) \subseteq Var(s)$.

Zum Beweis der umgekehrten Richtung sieht man, daß $u\theta = u$ wegen $\text{Dom}(\theta) \subseteq Var(s)$ gilt und damit die Bedingungen für $u \stackrel{E}{\leadsto} v$ erfüllt sind. ∎

Narrowing als Spezialfall der Paramodulation

Nachdem nun Richtungen in die Gleichungsprogramme eingeführt wurden und damit auch die möglichen Anwendungen der Paramodulationsregel eingeschränkt wurden, ist natürlich nicht mehr zu erwarten, daß ein so erhaltenes System vollständig ist. Man überzeugt sich auch sofort, daß im Termersetzungssystem

$$T = \{ \quad a \Rightarrow b \leftarrow \quad , \\ \qquad\quad a \Rightarrow c \leftarrow \quad \}$$

$EQ(b,c)$ eine logische Konsequenz aus $T \cup EQA(T)$ ist, aber $\leftarrow EQ(b,c)$ nicht mittels gerichteter Paramodulation und Reflektion widerlegbar ist.

Fordert man von den gerichteten Gleichungsprogrammen jedoch die sog. Grundkonfluenz, so ist die Vollständigkeit wieder sichergestellt. Dazu verallgemeinern wir die Definition der Konfluenz, die für Termersetzungssysteme gegeben wurde:

Definition: Sei $\stackrel{*}{\longrightarrow}$ eine Ableitungsrelation über einer Menge von Inferenzregeln für Gleichungsprogramme. Ein Gleichungsprogramm EP heißt *grundkonfluent* g.d.w. für alle Grund-Zielklauseln G, G_1, G_2 mit $G \stackrel{*}{\longrightarrow} G_1$ und $G \stackrel{*}{\longrightarrow} G_2$ gilt, daß es eine Zielklausel G' mit $G_1 \stackrel{*}{\longrightarrow} G'$ und $G_2 \stackrel{*}{\longrightarrow} G'$ gibt.

Offensichtlich ist das obige Termersetzungssystem T nicht grundkonfluent.

Das folgende Vollständigkeitsresultat für grundkonfluente gerichtete Gleichungsprogramme ist aus [FHS89a].

Satz 5.4 *Sei EP ein grundkonfluentes gerichtetes Gleichungsprogramm und G eine Zielklausel; dann gibt es für jede korrekte Antwortsubstitution θ für $EP \cup EQA(EP) \cup \{G\}$ eine berechnete Antwortsubstitution σ aus $EP^+ \cup G$ mittels (gerichteter) Paramodulation und Reflektion und eine Substitution γ, so daß $\theta = \sigma\gamma \mid_{Var(G)}$ gilt.*

In [Höl88] ist darüber hinaus ein strenges Vollständigkeitsresultat gegeben, welches zusätzlich noch die Unabhängigkeit von der Berechnungsregel zeigt. Allerdings läßt sich dieses Resultat aus zwei Gründen nicht ohne weiteres auf unseren Fall übertragen: Zum einen benutzt Hölldobler nicht die funktional reflexiven Axiome aus $F(EP)$, sondern eine Inferenzregel "Instantiierung und Paramodulation", welche Anwendungen der Paramodulation mit Gleichungen aus $F(EP)$ und anschließende Paramodulation mit beliebigen Gleichungen miteinander kombiniert. Dadurch bekommt man in unserem Sinne keine tatsächliche Unabhängigkeit von der Berechnungsregel; vielmehr ist man nur unabhängig in der Klasse von Regeln, die durch die Regel "Instantiierung und Paramodulation" bestimmt ist. Zum anderen wird die Paramodulation grundsätzlich nur gerichtet eingeführt und der Fall von ungerichteter Paramodulation durch Adjunktion der "inversen gerichteten Gleichungen" erreicht.

Im Rest dieses Abschnittes werden nur noch Termersetzungssysteme als Spezialfall von gerichteten Gleichungsprogrammen betrachtet. Die folgende Definition der Narrowing-Ableitung kann ohne Probleme auf konditionale Termersetzungssysteme erweitert werden; dazu müßte lediglich (wie in [Höl88] durchgeführt) die Relation *reduzierbar* für den konditionalen Fall definiert werden. Hier soll nur der Fall der unbedingten Termersetzungssysteme angesprochen werden. Dazu benötigen wir noch einige Begriffe:

Definition: Eine Substitution θ ist in Normalform bzgl. eines Termersetzungssystems T, g.d.w. jedes t aus dem Codomain von θ in Normalform bzgl. T ist. Wenn θ in Normalform ist und durch Reduzierung von Termen aus dem Codomain von σ hervorgeht, heißt θ Normalform von σ. σ heißt *normalisierbar* bzgl. T, g.d.w. es eine Normalform von σ bzgl. T gibt.

Die funktional reflexiven Axiome sind, wie bereits diskutiert, nur notwendig, wenn mit ihnen Paramodulationsschritte auf Vorkommen, welche Variablen sind (kurz: *Variablenvorkommen*), ausgeführt werden. Die Ableitungsregel "Narrowing" schließt nun aber genau solche Vorkommen aus:

5.2 Von Hornklausellogik zu Termersetzungssystemen

Definition: Sei T ein Termersetzungssystem und G ein Zielstatement. G geht durch *Narrowing* in G' über (im Zeichen: $G \hookrightarrow G'$), g.d.w. man G' durch Paramodulation an einem Vorkommen, welches keine Variable ist, aus G erhält.

Die Frage ist nun, welche Bedingungen von einem Termersetzungssystem erfüllt sein müssen, damit Narrowing und Reflektion einen vollständigen Kalkül ergeben:

- Einerseits muß gefordert werden, daß das Termersetzungssystem keine Regeln der Form $l \Rightarrow r \leftarrow$ enthält, wobei l eine Variable ist. Solche Termersetzungssysteme nennen wir *nicht-trivial*.
  Als (Negativ-) Beispiel betrachte man
  $$\mathrm{TRIV} = \{x \Rightarrow a \leftarrow\}$$
  und die Zielklausel $\leftarrow EQ(y, a)$. Man sieht sofort, daß hier eine Widerlegung mittels gerichteter Paramodulation und Reflektion nur dann möglich ist, wenn das Variablenvorkommen 1 in $\leftarrow EQ(y, a)$ ersetzt wird. Ein solcher Paramodulationsschritt ist jedoch kein Narrowing-Schritt.

- Sei θ eine korrekte Antwortsubstitution; für die Untersuchung der Vollständigkeit muß nun geprüft werden, ob es eine berechnete, allgemeinere Substitution σ gibt. Mit dem Termersetzungssystem
  $$\mathrm{INFINITE} = \{f \Rightarrow c(f) \leftarrow\}$$
  ist z.B. $\{x/f\}$ eine korrekte Antwortsubstitution für das Ziel $\leftarrow EQ(x, c(x))$. Nun ist aber kein Ableitungschritt mittels Narrowing oder Reflektion möglich. Durch die Substitution $\{x/f\}$ wird ein Term – nämlich f – eingeführt, der mit der linken Seite einer Regel aus dem Termersetzungssystem einseitig unifiziert (matching). Solche Fälle werden durch die Einschränkung auf normalisierbare korrekte Antwortsubstitutionen ausgeschlossen.

Damit erhält man schließlich das strenge Vollständigkeitsresultat:

Satz 5.5 (Hölldobler) *Sei T ein nicht-triviales und konfluentes Termersetzungssystem, G ein Zielstatement und R eine Berechnungsregel. Wenn θ eine normalisierbare, korrekte Antwortsubstitution für $T \cup EQA(T) \cup \{G\}$ ist, existiert eine R-berechnete Antwortsubstitution σ aus $T \cup \{G\}$ mittels Narrowing und Reflektion und eine Substitution γ, so daß $\theta = \sigma\gamma \mid_{Var(G)}$ gilt.*

5.3 Einordnung ins FHCL-Schema und Diskussion

Wir können nun unser FHCL-Schema instantiieren, indem als funktionaler Teil ein Termersetzungssystem mit einer Reduktionsrelation $\leadsto$ verwendet wird.

Sei also (T, LP) ein solches FHCL-Programm. Als zusätzlichen Kalkül für die erweiterte Resolution wählen wir Gleichungsprogramme mit den Inferenzregeln Paramodulation und Reflektion. Die Transformation $trans$ des Termersetzungssystems erfolgt derart, daß alle Regeln in Gleichungen umgeformt werden, also

$$trans(l \doteq r) = EQ(l, r)$$

Zu dieser Menge von Gleichungen wird schließlich noch die Menge der funktional reflexiven Axiome adjungiert, und somit erhalten wir die Menge $trans(T)$ von Gleichungen zu einem gegebenen Termersetzungssystem.

Sei nun $EQ(s,t)$ eine Gleichung, die durch die erweiterte Unifikation im FHCL-System erzeugt wurde. $trans(EQ(s,t))$ ist dann einfach das Ziel $EQ(s,t) \leftarrow$, welches nun in $trans(T)$ mittels Paramodulation und Reflektion widerlegt werden kann.

Die Korrektheit und Vollständigkeit dieser Instantiierung ergibt sich sofort aus dem Satz 5.2 und der Vollständigkeit des FHCL-Schemas.

Eine andere Variante für die Instantiierung erhält man, indem man konfluente, nicht-triviale Termersetzungssysteme voraussetzt und als Inferenzregeln im zusätzlichen Widerlegungskalkül Narrowing und Reflektion annimmt. Die Korrektheit und Vollständigkeit bzgl. normalisierbarer Antwortsubstitutionen dieser Variante folgt dann aus Satz 5.5.

Nochmals das Beispiel FL_1 aus Kapitel 2 mit der hier verwendeten Notation für Termersetzungssysteme:

5.3 Einordnung ins FHCL-Schema und Diskussion

FL_4 :
  $\quad 0 + x \doteq x$
  $\quad s(x) + y \doteq s(x + y)$

HCL_4 :
  $\quad nodes(nil, 0) \leftarrow$
  $\quad nodes(maketree(L, N, R), +(+(NL, NR), s(0))) \leftarrow$
  $\quad\quad nodes(L, NL),$
  $\quad\quad nodes(R, NR).$

Vergleicht man die Instantiierung mittels Termersetzungssystemen mit der des FHCL-Systems aus Abschnitt 3, so lassen sich sofort zwei charakteristische Unterschiede feststellen:

- Der Benutzer eines FHCL-Systems braucht bei Verwendung von Termersetzungssystemen keine "äquivalenten logischen Prädikate" zur Gewährleistung der Vollständigkeit anzugeben. Die Sprache der Termersetzungssysteme ist – wie ausführlich diskutiert – auch als logische Sprache aufzufassen, wodurch für das Lösen der Gleichungen, die von *E-unify* geliefert werden, keine aufwendige, oder gar vom Benutzer unterstützte Transformation, notwendig wird. Vielmehr können die Gleichungen mittels Paramodulation bzw. Narrowing gelöst werden.

- Termersetzungssysteme als funktionale Sprache bieten zwar die Möglichkeit, Terme mittels der Relation $\rightsquigarrow$ zu evaluieren, im Vergleich mit Sprachen, wie z.B. LISP oder auch MIRANDA wird jedoch deutlich, daß es sich hier mehr um ein theoretisches Konzept handelt. Dies hat die bereits angesprochenen Vorteile und führt zu theoretisch sauberen Lösungen bzw. interessanten Fragestellungen. Bezüglich der Zielsetzung für die hier zu behandelnde Kombination von funktionalen und logischen Sprachen scheinen Termersetzungssysteme unter praktischen Gesichtspunkten jedoch weniger geeignet. Denn gerade eines unserer Hauptziele, nämlich die logische Sprache frei von Seiteneffekten und anderen prozeduralen Aspekten zu halten, indem diese in den funktionalen Teil gedrängt werden, läßt sich mit Termersetzungssystemen nicht erreichen.

Diese beiden Punkte machen deutlich, daß Gleichungen (bzw. Termersetzungssysteme) ein hervorragendes Hilfsmittel für die Untersuchung der Kombination von funktionalen und logischen Programmiersprachen darstellen — für den Entwurf von praktisch einsetzbaren Programmiersystemen allerdings scheinen andere Sprachen besser geeignet.

So existieren in der Literatur zahlreiche Ansätze, "Gleichungen als Brücke zwischen verschiedenen Programmierstilen" zu verwenden, von denen hier im folgenden einige behandelt werden sollen.

In [vEY87] untersuchen van Emden und Yukawe, wie gleichungsbasierte Berechnungen – also z.B. Reduktion oder Narrowing – als Spezialfälle von SLD-Resolution aufgefaßt werden können. Das Ziel ist dabei – zumindest in einer Hinsicht – unserem entgegengesetzt, nämlich die kombinierte Sprache von den tatsächlichen PROLOG-Implementierungstechniken profitieren zu lassen. Dabei diskutieren die Autoren zwei Ansätze, nämlich Integration durch *Interpretation* oder durch *Kompilation*.

Beim Interpretations-Ansatz wird eine geeignete Teilmenge von logischen Konsequenzen der Gleichheitsaxiome dem Programm hinzugefügt, die dann zum "Gleichungslösen" verwendet werden. Dabei muß diese Teilmenge so gewählt werden, daß der Suchraum des SLD-Interpreters klein wird, die Korrektheit des Verfahrens jedoch gewährleistet ist. Dieses Verfahren wird ausführlich in [Yuk87] behandelt.

Beim Kompilieren transformiert man die Gleichungen in eine Menge von Hornklauseln. Terme müssen für die Reduktion bzw. Narrowing-Auswertung in Zielstatements umgeformt werden. Die Transformation von Gleichungen in Hornklauseln erfolgt nun jedoch nicht in der trivialen Weise, die wir zur Diskussion von Termersetzungssystemen verwendet haben; vielmehr führen van Emden und Yukawe neue Prädikatensymbole für jedes Funktionssymbol ein und transformieren dann die Terme, so daß nur noch diese Prädikatensymbole verwendet werden.

In [Höl89] behandelt Hölldobler ausführlich die Grundlagen des "equational logic programming". Der Ausgangspunkt ist dabei ganz ähnlich dem, der dieser Arbeit zugrunde liegt, nämlich eine kombinierte Sprache mit einem funktionalen und einem logischen Teil zu betrachten. Hölldobler spezialisiert sich dabei auf Gleichungen als funktionale Sprache und behandelt diesen Ansatz sehr detailliert. An verschiedenen Stellen haben wir bereits auf Zusammenhänge mit [Höl89, Höl88, Höl87] hingewiesen.

Hier soll noch die Kombination mittels *lazy resolution* aus [Höl89] diskutiert werden: Ein Programm sei ein Paar (EP, LP), wobei EP ein Gleichungsprogramm und LP ein logisches Programmm ist. Die Grundidee ist es, von einer Resolutionsregel $\longrightarrow_{lr}$ auszugehen, welche die Unifikation verzögert. Diese Regel wurde bereits im Abschnitt 2 für den Vollständigkeitsbeweis der E-Resolution eingeführt, soll jedoch an dieser Stelle nochmals wiederholt werden:
Wenn $P(t_1, \ldots, t_n) \leftarrow D$ eine neue Variante einer Programmklausel ist, gilt:

$$\leftarrow D' \cup P(s_1, \ldots, s_n) \quad \longrightarrow_{lr} \quad \leftarrow D' \cup D \cup \{EQ(t_i, s_i) \mid 1 \leq i \leq n\}$$

5.3 Einordnung ins FHCL-Schema und Diskussion

Nun wird wird das gesamte Gleichungslösen, also die Unifikation modulo der durch EP definierten Theorie, durch eine Menge RULES vorgenommen. Es wird dazu gefordert, daß für ein Gleichungsprogramm EP, eine Multimenge von Gleichungen F und eine Berechnungsregel SEL die folgenden Bedingungen gelten:

- Korrektheit: Jede berechnete Antwortsubstitution für $EP \cup \{\leftarrow F\}$ bzgl. RULES ist korrekt, und

- Strenge Vollständigkeit: Für jede korrekte Antwortsubstitution θ für EP und $\leftarrow F$ existiert eine berechnete Antwortsubstitution σ mittels einer SEL-Widerlegung von $EP \cup \{\leftarrow F\}$ bzgl. RULES, so daß gilt $\sigma \geq_{EP} \theta[Var(F)]$, und

- Komplexität: Die Komplexität einer Widerlegung ist unabhängig von der Berechnungsregel.

Die Komplexitätsbedingung wird benutzt, um die Unabhängigkeit von der Berechnungsregel zeigen zu können; sie soll hier nicht weiter diskutiert werden.

Schließlich wird die Menge RULES um die Resolutionsregel $\longrightarrow_{lr}$ erweitert

$$\text{RULES}^+ = \text{RULES} \cup \{ \longrightarrow_{lr} \}$$

und die strenge Vollständigkeit von RULES$^+$ für Programme (EP, LP) gezeigt.

Im Vergleich zum FHCL-Schema fallen sofort zwei Unterschiede auf:

- In FHCL werden ebenfalls Gleichungen erzeugt, die dann durch eine vollständige Unifikationsprozedur gelöst werden sollen. Allerdings werden diese Gleichungen, bevor sie als neue Teilziele aufgenommen werden, durch *solve* vereinfacht. Die Rolle dieser Vereinfachung und der Unifikationsprozedur übernimmt hier die (Inferenz-)Regelmenge RULES. Das Lösen einer erzeugten Gleichung muß nun aber nicht "in einem Stück" erfolgen, vielmehr können je nach Selektionsfunktion lr-Schritte mit RULES-Schritten vermischt werden.

- Der Beweis der Unabhängigkeit von der Selektionsfunktion ist für FHCL nicht gegeben.

Sicherlich ist es möglich, die E-Resolution von FHCL als Spezialfall der *lazy resolution* darzustellen. Dazu müssen nur solche Berechnungsregeln betrachtet werden, die das Gleichungslösen "in einem Stück" durchführen und vorher solche Regeln aus RULES auswählen, die den Vereinfachungsschritten aus *solve* entsprechen.

In [GGW88] werden Gleichungen mit PROLOG kombiniert, wobei allerdings hauptsächlich auf die Evaluierung von Termen gezielt wird. Probleme im Zusammenhang mit dem Lösen von Gleichungen werden dabei ausgespart; die implementierte Sprache FPROLOG benutzt das Gleichungssystem nur zur Reduzierung von Termen.

In [BL86] wird ein Überblick bzgl. der Kombination von funktionalen und logischen Sprachen gegeben. Dabei bezeichnen die Autoren Belli und Levi den Ansatz mittels Gleichungen als *"logic language with functional syntax (equational theories)"*. Diese Auffassung deckt sich auch mit unseren Überlegungen aus diesem Abschnitt.

Abschließend muss jedoch erwähnt werden, daß immer mehr Arbeiten existieren, welche damit befaßt sind, die hier angesprochenen Nachteile der Verwendung von Termersetzungssystemen als funktionale Sprache zu beseitigen. So wird z.B. in [DO89] ausführlich diskutiert, wie konditionale Gleichungen für eine Kombination von funktionaler und logischer Programmierung eingesetzt werden können. Dabei wird auch die Verwendung von *built-ins* und von *Termen höherer Ordnung* behandelt.

6 Sortierte Hornklauseln

Für die Einführung von Sorten in eine logische Programmiersprache können verschiedenartige Gründe genannt werden:

- Sorten unterstützen den Programmierer beim Versuch des fehlerfreien Programmierens.

- Für den sortierten Kalkül läßt sich, im Vergleich zum unsortierten Fall, leichter eine effiziente Implementierung angeben, da die Trennung von Sortenbehandlung und übrigen Inferenzen schon auf Kalkülebene vorgenommen wird.

- Durch die Sortierung kann die Sprache für Aufgaben, welche logisches Programmieren unter Berücksichtigung von taxonomischem Wissen erfordert, verwendet werden.

Vom Standpunkt des Programmentwicklers oder des Software-Ingenieurs aus betrachtet, stellen Sorten[8] ein wichtiges Hilfsmittel für die Entwicklung fehlerfreier Software dar. Der Programmierer ist gezwungen, die zulässigen Argumente von Funktionen, Prozeduren oder Modulen genau zu spezifizieren. Allerdings ist dabei mit Sorgfalt zu prüfen, ob die Sortierung der Programmiersprache deshalb oder aus implementierungstechnischen Gründen erfolgt ist. So dürfte z.B. die Sortierung in TURBO-Prolog eher die bequemere Kompilierung als die sichere Programmentwicklung zum Ziel haben. In [Pad88] dagegen sind *Hornklauseltheorien* grundsätzlich sortiert eingeführt; dort werden auch zahlreiche Beispiele behandelt.

Andererseits erscheint manchem die Einführung von Sorten eher als ein Relikt aus der Zeit der Maschinenprogrammierung, wo der Programmierer sich über die Darstellung seiner Zahlen oder Werte im klaren sein mußte, um diese verarbeiten zu können. So schreibt z.B. Schnupp in [Sch87]: "Die Datentypen in der Form eines 'strong typing' scheinen uns nicht nur überflüssig, sondern sogar schädlich. Sie sind

---
[8] Manchmal auch als Typen bezeichnet

eines der letzten Überbleibsel der konkreten Maschinenstruktur, das sich auch in modernen höheren Sprachen behaupten kann. ...".

Ein fast schon klassischer Ansatz, Typen bzw. Sorten zu behandeln, ist von Mycroft und O'Keefe in [MO83] beschrieben. Dort wird ein ML-artiges Typensystem vorgeschlagen, welches sich besonders gut für statisches Überprüfen von Typen eignet. Ein ähnliches Vorgehen wird auch in [GDK87] beschrieben, wo darüber hinaus auch noch Typhierarchien behandelt werden können.

Ein anderer wichtiger Gesichtspunkt im Zusammenhang mit der Diskussion um die Nützlichkeit der Sortierung von Hornklausellogik ist die Effizienz von Berechnungen. So wird z.B. in [Wal87] festgestellt und demonstriert, daß durch Sortierung *shorter deductions with smaller formulas from a smaller set of hypotheses* möglich werden. Sorteninformationen helfen in vielen Fällen, den Suchraum des Inferenzsystems drastisch einzuschränken.

Eine Möglichkeit des Vorgehens dafür ist – und das wurde bereits von Oberschelp in [Obe62] vorgeschlagen – allen Symbolen des Kalküls eine feste Sortierung zuzuordnen und in der Sprache des Kalküls nur noch *wohlsortierte* Terme zuzulassen. Sodann kann noch eine Ordnungsrelation über den Sortensymbolen betrachtet werden und das Inferenzsystem derart definiert werden, daß die Unifikation diese Ordnung berücksichtigt. Walther hat dies z.B. in [Wal83] für den Resolutionskalkül mit Paramodulation und Faktorisierung ausgeführt und die Vollständigkeit und Korrektheit dieses Kalküls bewiesen. Für Gleichheitsliterale muß Walther allerdings die Forderung nach Wohlsortiertheit aufheben; damit ist es möglich, die Gleichheit von beliebigen Termen, unabhängig von ihren Sorten, zu definieren. Diese Ausnahme wird notwendig, um einen Kalkül zu erhalten, der mit unsortierter Logik vergleichbar ist. Würde man eine Wohlsortierung von Gleichheitsprädikaten fordern, müßten die Sortendeklarationen eines Programmes alle Inklusionen und Zugehörigkeiten, die sich semantisch ergeben, auf syntaktischer Ebene ausdrücken.

Ein etwas andersartiges Vorgehen kommt aus dem Bereich der Wissensrepräsentation. Hier versucht man in hybriden Systemen, terminologisches mit assertionalem Wissen zu kombinieren. Dabei ist terminologisches Wissen oft durch Taxonomien gegeben, mit denen die Struktur der Terme aus dem assertionalen, prädikatenlogischen Teil beschrieben werden. Mit der Hierarchie aus Figur 10 z.B. soll es möglich sein, Fakten, die für Vögel oder für Fischesser definiert sind, auch für Pelikane zu verwenden.

Das taxonomische Wissen läßt sich – zumindest im Rahmen dieser Arbeit – als Sortendefinitionsteil auffassen, während der assertionale Teil durch Hornklauseln repräsentiert wird. Der Unterschied zum oben diskutierten Vorgehen, welches sich an Programmiersprachen orientiert, besteht nun hauptsächlich darin, daß die Sym-

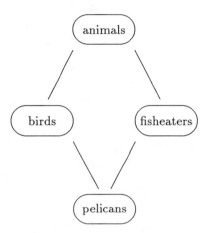

Abb. 10: Eine Spiel-Hierarchie

bole des Hornklauselteils nicht sortiert[9] sein *müssen* – die Sprache läßt auch nicht-wohlsortierte Atome zu. Oberschelp bemerkt dazu in [Obe90], daß "die Wohlsortiertheit für die sinnvolle Interpretation eines Ausdrucks überhaupt nicht erforderlich ist. Statt 'Caesar ist eine Primzahl' als ungrammatisch und sinnlos zu bezeichnen, kann man ebenso gut sagen, das sei falsch." Dies hat den Vorteil, daß dann auch die negierte Formel 'Caesar ist keine Primzahl', die natürlich wahr ist, behandelt werden kann.

Weiterhin gibt es eine lange Liste von Arbeiten, die auf der Dissertation von Ait-Kaci über partiell geordnete Typstrukturen [AK84] basieren. So zielen z.B. [AKN86, AKS87, Smo86, SNGM87] auf eine effiziente Behandlung von solchen Kalkülen. Dabei werden viel-sortige Algebren verwendet, um Interpretationen für algebraische Spezifikationen anzugeben.

Der Nachteil dieses Ansatzes ist, daß für die Definition der Semantik sehr viele technische Details notwendig sind. Sämtliche Resultate, wie z.B. Korrektheit und Vollständigkeit, müssen speziell für diesen Kalkül mit algebraischen Hilfsmitteln neu bewiesen werden. Die Einfachheit und Eleganz der Semantik eines unsortierten Logikkalküls geht dadurch verloren.

---

[9]d.h. mit Sortensymbolen indiziert

In diesem Abschnitt soll demonstriert werden, daß der bisher beschriebene Mechanismus zur Abarbeitung eines FHCL-Systems ohne jegliche Erweiterungen benutzt werden kann, um Sorten in Hornklauseln einzubringen und zu behandeln. Die deklarative Semantik von derart sortierten Hornklauselprogrammen ergibt sich dann durch die im Abschnitt 2 definierte modelltheoretische Funktion $\mathcal{M}$. Die operationale Semantik des FHCL-Systems kann ebenso unverändert übernommen werden.

Es steht dabei nicht so sehr die Effizienz des Verfahrens im Mittelpunkt — vielmehr soll hier demonstriert werden, daß mittels unserer Methode eine einfache und natürliche Semantik von Hornklausellogik mit Sorten angegeben werden kann. Eine wichtige Eigenschaft dieses Vorgehens ist, daß diese Semantik auch als "implementierungsnahe" Spezifikation aufzufassen ist: Als vollständiger und korrekter Kalkül zur Behandlung von Gleichungstheorien wird der im vorangegangenen Absatz beschriebene Paramodulationskalkül verwendet. Sortendefinitionen werden dabei durch Gleichungen beschrieben und können daher durch die erweiterte Resolution behandelt werden. Steht eine effiziente Implementierung des Kalküls zur Behandlung der Gleichungen – also in diesem Fall zur Behandlung der Sorten – zur Verfügung, kann diese, ohne Änderungen am Gesamtsystem vornehmen zu müssen, anstatt des Paramodulationskalküls eingesetzt werden. Die Vollständigkeit und Korrektheit des gesamten Systems bleibt davon unbeeinflußt.

Die Idee zu diesem Ansatz ist im Rahmen des ESPRIT-Projektes ALPES entstanden und zielte darauf, Sorten und Objekte in ein PROLOG-System einzubringen ([Con88, CF88, Fur89]).

Zuerst führen wir nun Gleichungen zur Behandlung von Mehrsortigkeit ein; erst in einem zweiten Schritt gehen wir dann auf den Fall der Ordnungssortiertheit ein.

6.1 Mehrsortigkeit

Als Sprache wählen wir ein instantiiertes FHCL-Schema, so daß der funktionale Teil aus Gleichungsprogrammen, wie im vorigen Abschnitt definiert, besteht. Aus Satz 5.2 folgt die Vollständigkeit von Paramodulation und Reflektion für solche bedingten Gleichungen.

Da in diesem Fall die Transformation *trans* nur aus einer syntaktischen Umbenennung von EQ durch das Infixsymbol $\doteq$ besteht, wollen wir zur Vereinfachung nur die $\doteq$-Schreibweise verwenden und *trans* nicht explizit erwähnen.

Als Beispiel betrachten wir das *nodes*-Beispiel FL_4 von Seite 107.

Die einfache Idee, die unserer Methode zugrunde liegt, läßt sich verdeutlichen, wenn wir den Kopf in der zweiten Klausel für *nodes* betrachten. Beim Aufruf dieser Klausel mittels eines Teilzieles der Form $nodes(t,n)$ kann die Unifikation von $maketree(L, N, R)$ mit t nur dann erfolgreich sein, wenn das äußerst linke Funktionssymbol von t auch $maketree$ ist. Wir wollen auf diese Weise Sorten mittels Funktionssymbolen einführen:

Definition: Die Menge der Funktionssymbole des FHCL-Systems besteht aus der Vereinigung

- der Menge von Konstruktorsymbolen CON,
- der Menge von definierten Funktionssymbolen DEF und
- der Menge von *Sortensymbolen* S (ξ, ζ und η sind typische Vertreter).

Funktionsapplikation $\xi(t)$ von Sortensymbolen werden wir zur besseren notationellen Unterscheidung als $t : \xi$ notieren.

Wenn wir nun im obigen Beispiel die Sorte nat einführen, kann das Programm für $nodes$ z.B. in der folgenden Weise modifiziert werden:

FL_5 :
$\quad nat(0) \doteq 0$
$\quad s(x) : nat \doteq s(x : nat)$
$\quad 0 + x : nat \doteq x$
$\quad s(x : nat) + y : nat \doteq s(x + y)$

HCL_5 :
$\quad nodes(nil, 0) \leftarrow$
$\quad nodes(maketree(L, N, R), +(+(NL, NR), s(0))) \leftarrow$
$\quad\quad nat(N) \doteq N,$
$\quad\quad nodes(L, NL),$
$\quad\quad nodes(R, NR)$

Entgegen unserer Definition von FHCL kommt nun das Gleichheitsprädikat EQ bzw. $\doteq$ im HCL-Teil vor – allerdings kann es dort nur im Rumpf vorkommen. Die theoretischen Resultate aus den Abschnitten 1 und 2 bleiben davon unberührt; denn auch bisher konnte das Gleichheitsprädikat in Zielklauseln vorkommen, wo es dann durch den Kalkül für die logische Behandlung des FP-Teils behandelt wurde. Hieran ändert sich nichts, da im HCL-Teil weiterhin keine Gleichheiten definiert werden können.

Durch die Sortierung der Knoten der Bäume, die mittels des Konstruktors *maketree* gegeben sind, kann nun das Programm *nodes* nur noch auf Bäume mit Knoten der Sorte *nat* angewendet werden.

Ein weiterer Effekt wird deutlich, wenn wir die Abarbeitung des Zieles

$$\leftarrow nodes(maketree(nil, 0, nil), x)$$

untersuchen. Die Unifikation mit dem Kopf der zweiten Klausel für *nodes* liefert die Substitution

$$\{L/nil, N/0, R/nil, x/ + (+(NL, NR), s(0)), \}.$$

Nach zwei Resolutionsschritten erhält man die Substitutionen für NL und NR. Das verbleibende Ziel $\leftarrow nat(N) \doteq N$ läßt sich sofort durch Paramodulation mit der ersten Gleichung aus FL_5, nämlich $nat(0) \doteq 0 \leftarrow$ und anschließende Reflektion lösen. Als berechnete Antwortsubstitution ergibt sich damit

$$\{x/ + (+(0, 0), s(0))\}$$

Definition: Für ein gegebenes FHCL-Programm (FP, LP) bezeichnen wir als *Sorte*, die durch ein Sortensymbol ξ denotiert wird (i.Z. $sort_\xi$), die Menge aller Grundterme t, für die gilt, daß $\xi(t) \doteq t$ logische Konsequenz aus FP ist.

Dabei enthält die Sorte *nat* z.B. viele "überflüssigen" Elemente; so sind darin neben 0 auch die Terme $nat(0), nat(nat(0)), \ldots$ enthalten. Dies kann leicht vermieden werden, wenn zur Definition der Semantik Kongruenzklassen gebildet werden. Nach [JLM84] existiert auch dann ein kleinstes Modell; die "überflüssigen" Terme werden in einer Kongruenzklasse zusammengefaßt. In [FH90] wird eine solche Semantik von Sorten ausführlich an Hand vieler Beispiele diskutiert.

6.2 Sortenhierarchien

Zur Einführung von Sortenhierarchien nehmen wir eine partielle Ordnung $\prec$ auf der Menge S von Sorten an und nennen ξ eine *Untersorte* von η, wenn gilt $\xi \prec \eta$.

Als Beispiel nehmen wir die Taxonomie aus Figur 11. Die durchgezogenen Linien bezeichnen dabei die Untersortenbeziehung und die gestrichelten Linien die Instanzenbeziehung.

Die Instanzen können nun wie im mehrsortigen Fall durch Gleichungen angegeben werden:

6.2 Sortenhierarchien

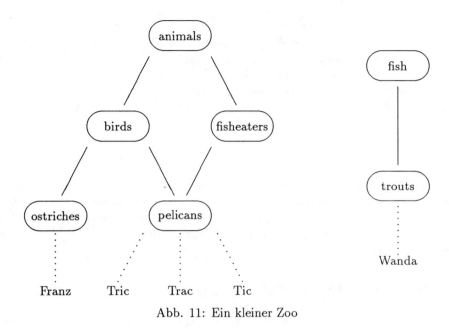

Abb. 11: Ein kleiner Zoo

$FP_{Instanzen}$:

$pelicans(tric) \doteq tric$
$pelicans(trac) \doteq trac$
$pelicans(tic) \doteq tic$
$ostriches(franz) \doteq franz$
$trouts(wanda) \doteq wanda$

Zur Behandlung von Untersorten vereinbaren wir, für jedes Paar ξ und η mit $\xi \prec \eta$ eine Regel der Form

$$\eta(x) \doteq x \leftarrow \xi(x) \doteq x$$

im Termersetzungssystem des FHCL-Programmes einzuführen.

Die Hierarchie aus Figur 11 ergibt damit die folgenden Gleichungen:

> $FP_{Hierarchie}$:
>
> $birds(x) \doteq x \leftarrow ostriches(x) \doteq x$
> $birds(x) \doteq x \leftarrow pelicans(x) \doteq x$
> $fisheaters(x) \doteq x \leftarrow pelicans(x) \doteq x$
> $animals(x) \doteq x \leftarrow birds(x) \doteq x$
> $animals(x) \doteq x \leftarrow fisheaters(x) \doteq x$
> $fish(x) \doteq x \leftarrow trouts(x) \doteq x.$

Nun muß natürlich untersucht werden, inwieweit die Regeln des Termersetzungssystems tatsächlich dazu führen, daß im FHCL-Programm die Sortenhierarchie berücksichtigt wird. Die Sorte $sort_{pelicans}$ enthält unter anderem die Elemente tic, $tric$, $trac$, $pelicans(tic)$, $pelicans(pelicans(tic))$, ... und es gilt $franz \in sort_{ostriches}$. Man überzeugt sich nun leicht, daß gilt

$$\{franz, tic, tric, trac\} \subseteq sort_{birds}$$

Der folgende Satz zeigt, daß die Semantik von Sorten tatsächlich die partielle Ordnung der Sortenhierarchie modelliert.

Satz 6.1 *Seien (T, LP) ein FHCL-Programm mit Sortendefinitionen, ξ und η Sortensymbole und t ein Grundterm. Dann ist $\eta(t) \doteq t$ logische Konsequenz von*

$$\{\xi(t) \doteq t, \eta(x) \doteq x \leftarrow \xi(x) \doteq x\} \cup trans(T).$$

Beweis: Wir zeigen, daß es eine Widerlegung von $\eta(t) \doteq t$ mittels Paramodulation und Reflektion gibt:

$\leftarrow \underline{\eta(t) \doteq t}$

$\downarrow$ Paramodulation mit $\eta(x)\doteq x \leftarrow \xi(x)\doteq x$

$\leftarrow t \doteq t, \underline{\xi(t) \doteq t}$

$\downarrow$ Paramodulation mit $\xi(t)\doteq t \leftarrow$

$\leftarrow \underline{t \doteq t, t \doteq t}$

$\downarrow$ Reflektion

$\square$

6.2 Sortenhierarchien

Durch dieses Ergebnis ist sichergestellt, daß die während eines erweiterten Resolutionsschrittes erzeugten Gleichungen tatsächlich unter Beachtung der Untersortenrelation gelöst werden können. So kann die *fisheaters*-Taxonomie in folgendem HCL-Programm benutzt werden:

$LP:$

$Eats(x,y) \leftarrow fisheaters(x) \doteq x, fish(y) \doteq y.$

Zusammen mit der Zielklausel "Gibt es Vögel, welche Forellen essen?" erhält man die Ableitung:

$\leftarrow \underline{Eats(v,w)}, birds(v) \doteq v, trouts(w) \doteq w$
$\quad \downarrow \quad E-Resolution$

$\leftarrow \underline{birds(v) \doteq v}, trouts(w) \doteq w,$
$\quad \underline{fisheaters(v) \doteq v}, fish(w) \doteq w$
$\quad \downarrow \quad Paramodulation$

$\leftarrow \underline{v \doteq v}, pelicans(v) \doteq v, trouts(w) \doteq w,$
$\quad \underline{v \doteq v}, pelicans(v) \doteq v, \underline{w \doteq w}, trouts(w) \doteq w$
$\quad \downarrow \quad Reflektion$

$\leftarrow pelicans(v) \doteq v, trouts(w) \doteq w,$
$\quad pelicans(v) \doteq v, trouts(w) \doteq w$

Weitere Paramodulations- und Reflektionsschritte mit Gleichungen aus $FP_{Instanzen}$ liefern die leere Klausel mit Bindungen von v an die Pelikane *tic*, *tric* und *trac* und von w an die Forelle *wanda*.

Vorsicht ist allerdings geboten, wenn man versucht, die Taxonomie abzufragen. So würde z.B. die Zielklausel

$\leftarrow fish(mittelbach) \doteq fish(x)$

sofort nach einem Reflektionsschritt zur leeren Klausel mit $\{x/mittelbach\}$ als Antwortsubstitution führen.[10]

---
[10]Obwohl jeder weiß, daß Mittelbach meine Katze und kein Fisch ist!

6.3 Syntaktischer Zucker

Der funktionale Teil eines FHCL-Programmes wurde in diesem Abschnitt benutzt, um Sorten für den Hornklausellogik-Teil zu definieren. Wir mußten dazu keinerlei neue Sprachkonstrukte einführen, sondern konnten sowohl Instanzen- als auch Untersorten-Beziehungen durch Gleichungen angeben. Um die Lesbarkeit zu erhöhen, können nun leicht Abkürzungen eingeführt werden. Sei dazu (FP, LP) ein FHCL-Programm.

In FP definieren wir

- $\xi \prec \eta$ als Abkürzung für eine Klausel $\eta(x) \doteq x \leftarrow \xi(x) \doteq x$,
- $t : \xi$ als Abkürzung für eine Klausel $\xi(t) \doteq t$.

In LP definieren wir

- Wenn $t : \xi$ als Argument in einer Programmklausel vorkommt, wird dieses Vorkommen durch t ersetzt, und die zusätzliche Bedingung $\xi(t) \doteq t$ wird der Klausel hinzugefügt.

In Zielklauseln definieren wir

- Wenn $t : \xi$ als Argument in einer Zielklausel vorkommt, wird dieses Vorkommen durch t ersetzt, und die zusätzliche Bedingung $\xi(t) \doteq t$ wird der Klausel hinzugefügt.

Mit diesen Konventionen kann schließlich das laufende Beispiel wie folgt dargestellt werden:

```
FP :
        pelicans ≺ fisheaters      birds ≺ animals
        ostriches ≺ birds          fisheaters ≺ animals
        pelicans ≺ birds           trouts ≺ fish
        tric : pelicans            trac : pelicans
        tic : pelicans             franz : ostriches
        wanda : trouts

LP :
        Eats(x : fisheater, y : fish) ←
```

6.4 Attribute und Vererbung

Für viele Aufgaben der Wissensrepräsentation möchte man die Sortenhierarchie noch weiter strukturieren, indem man *Attribute* einführt. Hier soll gezeigt werden, daß auch Attribute durch Funktionen in einem FHCL-System modelliert werden können. Dies soll an einer Beispiel-Taxonomie über Personen und Studenten geschehen:

```
        students ≺ persons
        monthnames ≺ strings
        courses ≺ strings
        sue : persons
        ellen : students
        jan : monthnames
            ⋮
        dec : monthnames
        computer-science : courses
```

Wir wollen nun annehmen, daß die Instanzen dieser Taxonomie weiter strukturiert sind. So soll z.B. *sue* eine Identifikation, ein Geburtsdatum und einen Vater haben. Diese Attribute sollen durch die Funktionssymbole *ident*, *born* und *father* dargestellt werden. Werte für diese Attribute können dann durch Gleichungen festgelegt werden:

$ident(sue) \doteq smith$

Um Attribute für alle Elemente einer Sorte einzuführen, soll nun der gesamte bisher eingeführte Mechanismus (inklusive der Abkürzungen) verwendet werden:

$ident(x : persons) : strings$
$born(x : persons) : dates$
$father(x : persons) : persons$

Für die Sorte *dates* führen wir als Attribute ein:

$day(x : dates) : integers$
$month(x : dates) : monthnames$
$year(x : dates) : integers$

Zu bemerken ist, daß dies natürlich wiederum mit syntaktischem Zucker versehen werden kann. Man erhält record-ähnliche Strukturen wie in [AKN86], wenn die Attribute als Selektoren für zusammengesetzte Objekte aufgefasst werden:

```
persons(ident => strings,
        born  => dates( day   => integers,
                        month => monthnames,
                        year  => integers)
        father => persons                       )
```

Mit weiteren Gleichungen können Attributwerte spezifiziert werden:

$father(sue) \doteq john$
$day(born(sue)) \doteq 16$
$month(born(sue)) \doteq nov$
$year(born(sue)) \doteq 1948$

6.4 Attribute und Vererbung

Zu beachten ist jedoch, daß wir zwar eine Sortendeklaration angegeben haben, welche besagt, daß das Argument von *father* von der Sorte *persons* ist, dies aber keineswegs zwingend ist. Es ist durchaus mit unserer Auffassung von Sortierung verträglich, daß eine Gleichung

$$father(mittelbach) \doteq mango\text{-}jerry,$$

angegeben werden kann, wo das Argument von *father* eine Katze statt einer Person ist.

Um nun auf die Verwendung von Attributen einzugehen, nehmen wir von *sue* an, daß gilt

$$ident(father(sue)) \doteq smith$$
$$day(born(father(sue))) \doteq 6$$
$$year(born(father(sue))) \doteq 1928.$$

Wenn nun durch das folgende HCL-Programm definiert wird, wann eine Person einen alten Vater hat

$$has\text{-}old\text{-}father(x : person) \leftarrow less(year(born(father(x))), 1910)$$

kann abgeleitet werden:

$$\leftarrow \underline{has\text{-}old\text{-}father(sue)}$$
$$\downarrow \quad Paramodulation$$
$$\leftarrow \underline{persons(sue) \doteq sue}, less(year(born(father(sue))), 1910)$$
$$\downarrow \quad Paramodulation$$
$$\leftarrow sue \doteq sue, less(\underline{year(born(father(sue)))}, 1910)$$
$$\downarrow \quad Paramodulation$$
$$\leftarrow \underline{sue \doteq sue}, less(1928, 1910)$$
$$\downarrow \quad Reflektion$$
$$\leftarrow less(1928, 1910)$$

Nun ist natürlich auch zu erwarten, daß Attribute entlang der Sortenhierarchie vererbt werden. Dazu nehmen wir ein Attribut *major* von *courses* und Werte für *ellen* an:

$major(x : student) : courses$
$major(ellen) \doteq computer\text{-}science$
$ident(ellen) \doteq johnsen$

Ferner sei das Attribut *mean-temp*, welches für alle *persons* den gleichen Wert hat.[11]

$mean\text{-}temp(x : persons) \doteq 37$

Nun soll es natürlich möglich sein, für *ellen* abzuleiten, daß sie von der Sorte *persons* ist und deshalb auch das Attribut *mean-temp* mit dem Wert 37 hat:

$\leftarrow \underline{mean\text{-}temp(ellen)} \doteq x$
$\quad \downarrow \quad$ Paramodulation
$\leftarrow 37 \doteq x, \underline{persons(ellen)} \doteq ellen$
$\quad \downarrow \quad$ Paramodulation mit *students≺persons* und Reflektion
$\leftarrow 37 \doteq x, \underline{students(ellen)} \doteq ellen$
$\quad \downarrow \quad$ Paramodulation mit *ellen:students* und Reflektion
$\leftarrow 37 \doteq x$

Es kann aber auch vorkommen, daß ein Objekt Attribute aus verschiedenen "Superklassen" erben kann; man spricht dann von *Mehrfachvererbung*. Dazu nehmen wir eine Universitätsverwaltung an, die für jeden Studenten einen Aktenordner führt:

$students \prec files$

Weiterhin sei *mean-height* ein Klassenattribut für *persons*:

$mean\text{-}height(x : persons) : integers$
$mean\text{-}height(x : persons) \doteq 170$

aber auch für *files*:

$mean\text{-}height(x : files) : integers$
$mean\text{-}height(x : files) \doteq 40$

---

[11]In der Wissensrepräsentation nennt man solche Attribute *Klassenattribute*.

Mit diesen Gleichungen sind, je nachdem welche Definition von *mean-height* für den Paramodulationsschritt verwendet wird, folgende Deduktionen möglich.

$$\frac{mean\text{-}height(ellen) \doteq x}{170 \doteq x, persons(ellen) \doteq ellen} \Bigg\downarrow Paramodulation$$

oder

$$\frac{mean\text{-}height(ellen) \doteq x}{40 \doteq x, \mathit{files}(ellen) \doteq ellen} \Bigg\downarrow Paramodulation$$

Da *ellen* Student und Person ist, aber auch ein Aktenordner, führen beide Ableitungen schließlich auf die leere Klausel und die Antworten 170 bzw. 40 für x.

Vom logischen Standpunkt aus ist dieser Zustand nicht unbefriedigend: Beide Antworten sind korrekt und stellen keineswegs eine Inkonsistenz dar. In Wissensrepräsentationsformalismen versucht man, solche Mehrfachvererbungen durch Angabe von Präferenzregeln zu umgehen. Der Benutzer muß dabei diese Regeln kennen, um gezielt Vererbung von Attributen auszunutzen.

6.5 Gleichungen vs. Relativierung

Die hier beschriebene Methode hatte zum Ziel, einfach und ohne zusätzlichen Mechanismus die Semantik von ordnungssortierten Hornklauseln zu beschreiben. Natürlich läßt sich dies auch anders erreichen, z.B. mittels der sogenannten *Relativierung*. Dabei kodiert man die Sortendefinitionen und die Ordnungsrelation mittels Prädikaten im logischen Teil; man gibt damit eine Übersetzung der ordnungssortierten Logik in eine einsortige Logik an und hat damit eine saubere und elegante Semantik. Bei oberflächlicher Betrachtung geschieht bei unserem Vorgehen auch nichts anderes; wir haben die Sortendefinitionen und die Ordnungsrelation mittels Gleichungen kodiert. Der wichtige Unterschied zur Relativierung liegt allerdings darin, daß in unserem Fall die Behandlung der Sorten *innerhalb der Unifikation* erfolgt, während bei Verwendung von Prädikaten das Schließen über Sorten mit Ableitungen erfolgen muß. Nun werden innerhalb der erweiterten Unifikation zwar auch wieder Ableitungen notwendig, diese sind aber lokal auf den Gleichungsteil beschränkt. Darüber hinaus kann die erweiterte Unifikation leicht durch einen auf die Sortenbehandlung zugeschnittenen, effizienteren Kalkül ersetzt werden. Wir haben hier das allgemeine

Vorgehen mittels des eingeführten Paramodulationskalküls demonstriert.

Schmidt-Schauß gibt in seiner Dissertation [SS88] eine "equational relativation" an, die ebenfalls Gleichungen zur Sortendefinition verwendet. Allerdings geht er von einer Sprache aus, in der alle Terme wohlsortiert sein müssen. Deshalb sind die Gleichungen in seiner Relativierung einfacher, als dies bei uns der Fall ist. Zum Beispiel könnte Schmidt-Schauß

$$Eats(\mathit{fish}(x)) \leftarrow$$

anstatt

$$Eats(x) \leftarrow \mathit{fish}(x) \doteq x$$

verwenden, da wegen der Wohlsortiertheit für x nur Elemente aus $sort_{\mathit{fish}}$ substituiert werden dürfen. In unserem Fall wird dies erst durch die Bedingung $\mathit{fish}(x) \doteq x$ erzwungen.

Schließlich muß noch verdeutlicht werden, daß bestimmte Gleichungen im Sortendefinitionsteil ausgeschlossen werden sollten: Eine Gleichung der Form $x : \xi$ bzw. in ausführlicher Schreibweise $\xi(x) \doteq x$ könnte als "die Variable x ist von der Sorte ξ" gemeint sein; bei näherer Betrachtung sieht man jedoch, daß sie als "alle Terme sind von der Sorte ξ" interpretiert werden muß. Dies führt natürlich zu wenig intuitiven Effekten, die ausgeklammert werden sollten.

Der hier beschriebene Ansatz ist als Teil der ALPES-PROLOG Programmierumgebung implementiert. Dabei wurde allerdings, wie dies auch in den meisten PROLOG-Implementierungen der Fall ist, der Occur-check aufgegeben, um akzeptable Ausführungszeiten zu erzielen. In diesem Prototyp wurde ein Kompilierungsansatz gewählt: Zu einem gegebenen FHCL-Programm (FP, LP) wird ein PROLOG-Programm erzeugt, wobei der Gleichungsteil in Klauseln übersetzt wird, welche die erweiterte Unifikation darstellen.

In [FHS89b] wird beschrieben, wie man auch das Schließen im Gleichungsteil FP modulo einer Theorie vollständig behandeln kann. Wenn man dieses Ergebnis zugrundelegt, können effiziente Unifikationsalgorithmen zur Behandlung der Sorten in das System eingebracht werden.

7 Eine Anwendung: Smoothsort

In diesem Abschnitt soll die Lösung einer anspruchsvolleren Programmieraufgabe in FHCL skizziert werden. Dabei soll jedoch nicht nur ein Programmierbeispiel besprochen werden, vielmehr steht das Aufzeigen einer weiteren Verwendungsmöglichkeit von kombinierten logischen und funktionalen Programmiersprachen im Vordergrund. Es zeigt sich nämlich, daß die systematische transformationelle Herleitung von Programmen aus ihrer Spezifikation durch FHCL auf natürliche Weise unterstützt werden kann.

Im folgenden Unterabschnitt wird kurz erläutert, wie der Begriff "Programmentwicklung" in dieser Arbeit verstanden werden soll.

7.1 Transformationelle Programmentwicklung

Ausgehend von einer formalen Spezifikation S eines Programmes soll eine Folge der Form

$$S = S_0 \longrightarrow S_1 \longrightarrow S_2 \longrightarrow \ldots \longrightarrow S_n = P$$

durch Anwenden von Transformationsregeln so konstruiert werden, daß schließlich das Programm P die geforderten Bedingungen wie Effizienz, Seiteneffekte u.ä. erfüllt. Darüber hinaus soll P natürlich die Spezifikation S erfüllen. Sind die verwendeten Transformationsregeln korrektheitserhaltend, so ist diese Bedingung trivialerweise erfüllt (siehe auch [Fur83]); ferner stellt jedes Zwischenergebnis S_i eine korrekte Version der Spezifikation dar.

Nun könnte durch diese Darstellung des Programmentwicklungvorganges der Eindruck entstehen, daß die Ausgangs- und Zwischenspezifikationen keine lauffähigen Programme darstellen und erst die "Endfassung" P ein Programm darstellt. Dies ist keineswegs der Fall, wenn als Spezifikationsprache Logik verwendet wird. Eine

Spezifikation S_0 in Hornklausellogik stellt natürlich ein lauffähiges Programm dar – allerdings wird dessen Effizienz in manchen Fällen nicht ausreichend sein. Diese gilt es dann durch Anwenden von Transformationsregeln über Zwischenprogramme S_i zu verbessern, bis schließlich mit P alle geforderten Randbedingungen erfüllt sind. Hierbei tritt sehr oft der Fall auf, daß ein solches Zwischenprogramm eine Teilaufgabe mittels "Don't-know"-Nichtdeterminismus formuliert und dieser dann beim Übergang zu einem Folgeprogramm durch einen deterministischen Teil ersetzt wird. Es liegt nahe, einen solchen Übergang als Wechsel von einem logischen zu einem funktionalen Anteil zu verstehen.

Das Ziel dieses Abschnittes ist es zu zeigen, daß genau dieser transformationelle Ansatz zur Programmentwicklung durch eine kombinierte logische und funktionale Sprache wie FHCL unterstützt wird.

Dabei sei schon jetzt darauf hingewiesen, daß eine Steigerung der Gesamteffizienz beim Übergang von S_i nach S_{i+1} im allgemeinen nicht erwartet werden darf. Wenn nämlich in diesem Schritt ein neues Konzept eingeführt wird, kann dies dadurch geschehen, daß ein zusätzlicher "Don't-know"-Nichtdeterminismus in die Spezifikation S_{i+1} eingebracht wird. Dies kann zuerst einmal zu einer Verschlechterung der Performanz führen; erst in darauffolgenden Schritten wird dann an diesem Teil weiter verbessert.

Die verwendeten Transformationsregeln sind ähnlich den Fold-/Unfold-Regeln, die in der einen oder anderen Form in nahezu jedem Programmtransformationssystem zu finden sind. Allerdings liegt hier nicht die Betonung auf der Anwendung der Transformationsregeln, sondern eher auf dem Einsatz der FHCL-Sprachmittel.

7.2 Entwicklung von Smoothsort

In [FS87] wurde bereits ein "rigoroser Ansatz" zur Herleitung eines in-situ Sortierverfahrens, welches Dijkstra erstmals in [Dij82] vorgestellt hatte, behandelt. Motiviert war diese systematische Herleitung durch die Tatsache, daß die ursprüngliche Beschreibung von Dijkstra äußerst komprimiert gehalten ist, während eine weitere Erläuterung in [DvG82] viele Details nicht erwähnt, so daß für den Leser die Ideen aus Smoothsort nur schwer zugänglich waren.

Die Besonderheit von Smoothsort liegt darin, daß die Performanz abhängig vom Zustand der Eingabe ist. Sie liegt zwischen $O(n)$ für sortierte Eingabe und $O(n\ log(n))$ für den schlechtesten Fall. Im Gegensatz zu Quicksort und anderen Algorithmen berücksichtigt Smoothsort bereits vorhandene "Vorsortierung" der Eingabedaten.

In [FS87] wurde ausgehend von einer deskriptiven Spezifikation der allgemeinen in-situ Sortieraufgabe über fünf Zwischenschritte der Dijkstrasche Algorithmus hergeleitet. Als Spezifikationssprache diente dabei eine ML-ähnliche Notation; im Rahmen einer Studienarbeit wurde in [Sut87] jede dieser Versionen nach FHCL übersetzt. Dadurch sollte einerseits demonstriert werden, daß jede dieser Versionen – von der Ausgangsspezifikation bis hin zur Endversion – ein lauf- und damit testfähiges Programm darstellt und daß andererseits die Aufteilung zwischen funktionalem und logischem Teil sich aus der Spezifikation mehr oder weniger zwingend ergibt.

Spezifikation

Gegeben sei eine Menge M zusammen mit einer totalen Vorordnung $\ll$.[12] Die Aufgabe ist es, die Elemente gemäß der Relation $\ll$ aufsteigend anzuordnen. Gesucht ist also eine Sequenz $(m_1, \ldots, m_z) \in M^*$, so daß mit $z = |M|$ gilt:

$$\forall\, 1 \leq i < j \leq z : m_i \neq m_j \wedge m_i \ll m_j$$

Zu bemerken ist, daß durch die totale Vorordnung $\ll$ der Fall

$$a \neq b \wedge a \ll b \wedge b \ll a$$

nicht ausgeschlossen ist: verschiedene Elemente von M "haben gleichen Schlüssel". Auf diese Weise kann das Sortieren von Multimengen mit Mengen modelliert werden.

Bäume

Um nun zusätzlich zur abstrakten mathematischen Spezifikation des Problems auch das "Vertauschungskonzept", welches in-situ-Verfahren inhärent ist, zu modellieren, spezifizieren wir die Aufgabe als Baumsuchverfahren. Dazu betrachten wir Bäume T zusammen mit einer bijektiven Funktion f, so daß gilt:

$$nodes(T) \subseteq domain(f) \wedge range(f) \subseteq M.$$

Ein Paar (T, f) heißt markierter Baum.

Da in der Funktion f durch das Sortieren die Argument/Werte-Zuordnung geändert werden soll, stellen wir sie als Liste F von Paaren $(x, f(x))$ dar. Hierdurch wird schon in diesem Stadium der Programmentwicklung eine Anleihe an das Konzept "Array" deutlich. Eine funktionale Applikation $f(x)$ wird mittels einer Funktion $call$, also durch $call(F, x)$, ausgedrückt.

---

[12] $a \ll b \wedge b \ll c \Rightarrow a \ll c$ und $a \ll b \vee b \ll a$

Bäume werden durch Listen dargestellt, wobei das erste Listenelement die Wurzel des Baumes ist; die folgenden Elemente sind die unmittelbaren Unterbäume. Der leere Baum ist die leere Liste. Man beachte, daß hier nicht nur binäre, sondern beliebige Bäume gemeint sind. Folgende Liste repräsentiert z.B. einen Binärbaum, dessen linker Unterbaum aus einem Knoten besteht und dessen rechter Unterbaum wieder einen Unterbaum mit einem Knoten hat.

(1 (1.1) (1.2 (1.2.1)))

Die Liste sub*(Tree) aller Teilbäume eines Baumes Tree und die Liste sub+(Tree) aller echten Teilbäume sind definiert durch die folgenden LISP-Funktionen:

```
(def sub*
    (lambda (Tree)
        (cond [(null Tree) nil]
              [t          (cons Tree (sub+ Tree))])))

(def sub+
    (lambda (Tree)
        (cond [ (or (atom Tree) (null (cdr Tree))) nil]
              [t (append (sub* (cadr Tree))
                         (sub+ (cons (car Tree) (cddr Tree))))])))
```

Ein weiterer zentraler Begriff ist der *descending labeled tree* (dlt). Ein markierter Baum (T, f) heißt dlt, wenn für alle seine Teilbäume gilt, daß die Wurzel deren unmittelbare Unterbäume alle kleiner als ihre Wurzel sind. Folgende HCL-Programme realisieren dieses Prädikat.[13]

```
dlt(nil, nil) ←
dlt( (Root.Subtrees) F) ←
    dlttest(sub*(Root.Subtrees)F)

dlttest(nil, F)←
dlltest( (Tree.Treelist), F)←
    greatest(Tree, F)
    dlttest(Treelist, F)
```

Für jeden Teilbaum wird der dlt-Test ausgeführt, wobei überprüft wird, ob seine Wurzel größer als die Wurzeln der unmittelbaren Unterbäume ist.

---

[13]Hier und im folgenden sind Funktionaufrufe in HCL drucktechnisch hervorgehoben.

```
greatest( (Root), F) ←
greatest( (Root.Subtrees), F)←
    islist(Subtrees)
    istrue(not( <(call(F, Root), call(F, caar(Subtrees))))))
    append( (Root), cdr(Subtrees), Z-List-of-Trees)
    greatest(Z-List-of-Trees, F)
```

Es sollen hier nicht alle zu einer Version gehörenden Funktionen und Prädikate angegeben und erläutert werden; wenn sich an einigen Stellen die verwendete Mnemotechnik als nicht ausreichend erweist, kann im Anhang auf die vollständige und lauffähige Fassung Bezug genommen werden.

Treesort

Der Ausgangspunkt für die Entwicklung von Smoothsort ist folgendes simples Baumsortierverfahren:

```
treesort(F, List) ←
    establish(F, Z-Tree, FF)
    sort(Z-Tree, FF, List)

establish(F, Tree, FF) ←
    shape(domain(F), Tree)
    makedes(Tree, F , FF)
```

Das Prädikat establish erzeugt einen Baum mit Knotenmenge $domain(F)$ mittels shape und permutiert dann mittels makedes F nach FF, so daß ein dlt ensteht.

```
shape(nil, nil) ←
shape( (X.Y) Tree) ←
    value-of(randoelem((X.Y)), Root)
    delete(Root, (X.Y), Z-List)
    partition(Z-List, List-of-lists)
    subt(List-of-lists, Subtrees)
    append( (Root), Subtrees, Tree)

makedes(Tree, F, FF) ←
    permutation(range(F), List)
    permf(F, List, FF)
    dlt(Tree, FF)

sort( (Root), F, list(call(F, Root)))←
```

```
sort( (Root.Subtrees), F, List)←
    rearr( (Root.Subtrees), F, Z-Tree, Z-F)
    sort( Z-Tree, Z-F, Z-List)
    append( Z-List, list(call(F, Root)), List)

rearr( (Root.Subtrees), F, Tree, FF)←
    establish( cut(F, Root), Tree, FF)
```

Das Prädikat **sort** konkateniert den f-Wert der Wurzel eines Baumes an die Ergebnisliste, erzeugt aus dem Rest wieder einen dlt und ruft damit erneut **sort** auf.

Für eine vollständige Fassung sei auf den Anhang verwiesen; hingewiesen sei jedoch noch auf folgende Besonderheiten:

- *randoelem*(List) liefert auf nicht-deterministische Weise ein Element von List.
- **value-of** ist ein Prädikat, welches dazu verwendet werden kann, eine "call-time-choice" für nicht-deterministische Funktionen zu erzwingen. In der Definition von **shape** wird dies notwendig, um den Wert von *randoelem*((X.Y)) an Root zu binden, so daß die beiden Vorkommen von Root innerhalb der Definition von **shape** dasselbe Element bezeichnen.
- *cut*(F,W) dient dazu, den Definitionsbereich einer Funktion F um W zu verringern.

Der Hauptansatzpunkt für eine Steigerung der Effizienz ist ohne Zweifel das Prädikat **makedes**. Hier wird zu einem beliebigen markierten Baum (T, f) eine Permutation von f erzeugt, um dann zu testen, ob dieser neue markierte Baum die dlt-Eigenschaft hat.

Treesort mit algorithmischem makedes

Anstatt nun beliebige Permutationen erst zu erzeugen und dann den markierten Baum auf dlt-Eigenschaft zu testen, soll nun das Prädikat **makedes** in einer algorithmischen Weise definiert werden.

```
makedes(Tree, F, FF) ←
    enumerate(Tree, Treelist)
    trim(Treelist, F, FF)
```

Durch **enumerate** wird eine spezielle, durch das Prädikat **teil** definierte, Aufzählung aller Teilbäume eines Baumes erzeugt:

7.2 Entwicklung von Smoothsort

```
enumerate(Tree, Treelist) ←
    permutation(sub*(Tree), Treelist)
    teil(Treelist, nil)

teil(nil, X) ←
teil((Tree.Treelist-1), Treelist-2) ←
    enthalten(sub+(Tree), Treelist-2)
    teil(Treelist-1, (Tree.Treelist-2)).


enthalten(nil, Treelist) ←
enthalten((Tree.Treelist-1), Treelist-2) ←
    elem(Tree, Treelist-2)
    enthalten( Treelist-1, Treelist-2)
```

trim dient dazu, auf eine Folge von Bäumen, wie sie durch enumerate gegeben ist, eine sift-Prozedur anzuwenden. Dieses sift wird auf Bäume angewendet, deren Unterbäume bereits die dlt-Eigenschaft haben; es sorgt dafür, daß die Wurzel des Baumes so eingeordnet wird, daß er selbst dlt ist.

```
trim( (Tree), F, FF) ←
    sift(T, F, FF)
trim( (Tree.Treelist), F, FF) ←
    islist(Treelist)
    sift(Tree, F, Z-F)
    trim(Treelistlist, Z-F, FF)


sift((Root), F, F) ←
sift((Root.Subtree), F, F) ←
    islist(Subtree)
    greatest( (Root.Subtree), F)
sift((Root.Subtree), F, FF) ←
    maxsub(Subtree, F, G)
    istrue(>call((F, root(G)), call(F, Root)))
    swap F (root (G), Root, call (F, root (G)), call (F, Root) ,Z-F)
    sift(G, Z-F, FF)


maxsub((Tree), F, Tree) ←
maxsub((Tree.Treelist), F, Tree) ←
maxsub(Treelist, F, Z-F)
```

```
    istrue(> call (F, root (Tree)), call (F, root (Z-Tree)))
maxsub((Tree.Treelist), F, G) ←
maxsub (Treelist, F, Z-G)
    istrue(> call (F, root (G)), call (F, root (Tree)))
```

Das Prädikat **swap** vertauscht die range-Werte der domain-Werte A und B einer Funktion F.

```
swap(F, A, B, FA, FB, FF) ←
    exch(F, A, FB, Z-F)
    exch(ZF, B, FA, FF)
```

Der funktionale Teil muß nicht verändert werden.

Treesort mit Leonardo-Avenues

Hier wird das Hauptkonzept aus [Dij82], die Leonardozahlen, eingeführt. Die folgende Version benutzt nicht mehr Bäume, sondern Sequenzen von Bäumen, *Avenuen* genannt. Die Leonardozahlen werden benutzt, um die Bäume, die in einer solchen Avenue vorkommen können, einzuschränken: Leonardo-Avenuen enthalten nur Bäume, die einer sogenannten Standardkonkatenation entsprechen. Leonardozahlen und Standardkonkatenationen werden durch folgende Programme definiert.

```
(def ln
    (lambda (N)
    (cond [(or (= N 0) (= N 1)) 1 ]
        [t (+ (ln (- N 1)) (ln (- N 2)) 1] ))))
```

Diese Definition der Leonardozahlen dient jedoch nicht zur Berechnung von $my(n) = max\{ln(i) \mid ln(i) \leq n\}$; vielmehr geschieht dies iterativ:

```
(def my
  (lambda (N)
    (cond [(lessp N 3) 1]
        [t          (prog (I A B C)
                        (setq I 0 A 1 B 3)
                    do
                        (cond [(lessp B N) (setq C B)
```

7.2 Entwicklung von Smoothsort

```
                                    (setq B (add A B 1))
                                    (setq A C)
                                    (go do) ]

                      [(= B N) (return B) ]
                      [t       (return A) ] ))]) ))
```

```
sc(N, (LeoN.List)) ←
    istrue(( > N 0))
    value-of (my(N), LeoN)
    sc( -(N, LeoN), List)
```

shape erzeugt nun Leonardo-Avenues:

```
shape(List, Tree) ←
    sc(length(List), S)
    part(S, List, LeoN)
    makeleoave(LeoN, LeoAv)
    tree(LeoAv, Tree)
```

```
makeleoave((List), (LeoAv)) ←        makeleotree(List, LeoAv)
makeleoave((List.Listlist), (Tree.Treelist)) ←
    makeleoave(Listlist, Treelist)
    makeleotree(List, Tree)
```

```
makeleotree((X), (X)) ←
makeleotree((X . Y), (X . Z)) ←
    islist(Y)
    combnums(length((X . Y)), List, Root)
    take(List, Y, LeoN, RN)
    makewotree(LeoN, Tree-1)
    makewotree(RN, Tree-2)
```

```
combnums(add1(N), List, Root) ←
    value-of(my(N), List)
    add(Root, List, N)
```

In den darauffolgenden Entwicklungsschritten wird das Erzeugen von Leonardo-Avenuen mit dem Test und dem Herstellen von dlt's kombiniert. Darüber hinaus findet eine deutliche Verschiebung des Schwerpunktes in den funktionalen Teil hin statt.

Smoothsort

Der HCL-Teil der Version, die alle wesentlichen Charakteristika von Smoothsort nach [Dij82] trägt, dient dazu, die entsprechenden LISP-Funktionen aufzurufen.

```
treesort(F, List) ←
    establish(F, Z-Tree, Z-F)
    sort(Z-Tree, Z-F, List)


establish(F, car(Z), cadr(Z)) ←
    value-of(Z, e((0 (1)), F))


sort( (0 S), F, call(F, 0)) ←
sort( (add1(U) S), F, List) ←
    value-of(rearrange(add1(U), S, F), Z)
    sort(car(Z), cadr(Z), Z-List)
    append(Z-List, call(F, add1(U)), List)
```

Das eigentliche Smoothsort-Verfahren ist durch die Funktionen *e* und *rearrange* gegeben. Der LISP-Code dafür ist dem Anhang zu entnehmen.

7.3 Lehren daraus

Im Rahmen der hier beschriebenen Anwendung des FHCL-Systems konnten einige Nachteile beobachtet werden, die in einem Nachfolgesystem verbessert werden sollten.

Das Fehlen der Negation im Logikteil führt z.B. zu manchen Klimmzügen bei der Programmierung, die eventuell durch eine *Negation-by-failure*-Regel beseitigt werden könnten.

Bei der Verwendung der *random*-Auswahl von Klauseln können in manchen Fällen unerträgliche Abarbeitungszeiten auftreten. Erzeugt man z.B. wie in **treesort** die Bäume in einer zufälligen Reihenfolge und testet sie dann auf eine bestimmte

7.3 Lehren daraus

Eigenschaft, können Rechenzeiten auftreten, die das System praktisch unbenutzbar machen. Mit ein Grund dafür ist aber auch, daß im Bedarfsfall, nämlich wenn "äquivalente logische Programme" verwendet werden, die gesamte Arithmetik über die Nachfolgerfunktion abgearbeitet wird[14].

Bezüglich der Instantiierung von Funktionsaufrufen ist zu beobachten, daß in manchen Fällen auf äquivalente logische Prädikate zurückgegriffen werden muß, weil ein Funktionsaufruf nicht evaluierbar ist. Würde man den Evaluierungsversuch allerdings zurückstellen, bis entweder die folgenden Unifikationsschritte oder die folgenden Resolutionsschritte neue Instantiierungen liefern, kann der Fall eintreten, daß die Evaluierung möglich ist und damit keine Prädikate verwendet werden müssen. D.h., die verwendete Berechnungsregel sollte auf die in einer Zielklausel vorkommenden Funktionsaufrufe Rücksicht nehmen.

Abschließend sei noch einmal auf einen Aspekt bzgl. der Programmentwicklung hingewiesen: Die Effizienz der einzelnen Zwischenprogramme steigt keineswegs monoton an. Wenn nämlich in einem Transformationschritt ein neues Konzept eingeführt wird, ist zu erwarten, daß dies in einer deskriptiven, nicht-algorithmischen Weise geschieht.

---

[14]Dies ist natürlich kein grundsätzliches Problem; es könnte in einer professionellen Implementierung leicht verbessert werden.

8 Zusammenfassung

Im Mittelpunkt dieses Buches steht die Kombination von funktionalen Programmiersprachen mit einem Hornklauselkalkül.

Dazu wird ein Rahmensystem namens FHCL (**F**unctions in **H**orn **C**lause **L**ogic) entwickelt, welches es gestattet, eine ausgedehnte Klasse von funktionalen Sprachen mit Hornklausellogik zu kombinieren. Die Semantik solcher kombinierter FHCL-Programme wird formal definiert:

- Eine modelltheoretische Semantik wird als Spezifikation für das Rahmensystem FHCL angegeben. Diese Semantik basiert auf einer Transformation von FHCL-Programmen in eine Menge von Hornklauseln mit Gleichheit, in welche die denotationale Semantik der jeweiligen funktionalen Sprache eingeht. Aufgrund der Modellabschlußeigenschaft für Hornklauseln mit Gleichheit kann diese Semantik äußerst kurz und eingängig gehalten werden.

- Als operationale Semantik wird eine Erweiterung der Resolutionsmethode definiert. In einem Resolutionsschritt können dabei während der Unifikation Reduktionen mittels der funktionalen Sprache ausgeführt werden. Wenn ein solcher Unifikationsversuch scheitert, werden die noch nicht unifizierten Teile der Zielklausel als neue Teilziele hinzugefügt. Sie werden dabei in Gleichungen umgeformt und müssen von einem Verfahren zur Lösung von Gleichungen über der durch das funktionale Programm definierten Theorie bearbeitet werden. Ein solches Verfahren wird als gegeben vorausgesetzt, so daß auf dieser Grundlage Beweise für die Korrektheit und die Vollständigkeit des FHCL-Rahmens angegeben werden können.

Die Allgemeinheit des FHCL-Schemas erlaubt es, verschiedene Ansätze zur Kombination von funktionalen und logischen Sprachen einzuordnen und zu vergleichen.

- Die wichtigsten, in die Literatur eingegangenen, kombinierten Systeme wie z.B. LOGLISP oder LEAF, werden als Instantiierungen des FHCL-Rahmensystems vorgestellt.

- Eine Instantiierung des Systems, das FHCL-Programmiersystem, mit LISP als funktionaler Sprache, wird ausführlich präsentiert. Dabei wird auch die Implementierung dieses Programmiersystems vorgestellt und es werden die verschiedenen Steuerungsmöglichkeiten für den Hornklauselteil erörtert.
Durch die Art der Implementierung des sequentiellen FHCL-Systems wird eine Parallelisierung nahegelegt. Deshalb werden in einem gesonderten Abschnitt Möglichkeiten der Parallelisierung von Hornklauselprogrammen sowie eine konkrete Parallelisierung des FHCL-Systems besprochen.

- Eine weitere Instantiierung des FHCL-Schemas, nämlich mittels Termersetzungssystemen, wird ausführlich behandelt. Termersetzungssysteme stellen ein wichtiges, theoretisch gut verstandenes Paradigma der funktionalen Programmierung dar. Es wird deutlich, daß sie sich für eine Kombination mit Hornklausellogik aufgrund ihrer "logischen Eigenschaften" anbieten, unter dem Gesichtspunkt der effizienten Implementierungsmöglichkeiten aber weniger geeignet erscheinen. Es wird ferner gezeigt, wie Termersetzungssysteme sowohl mit Reduktions- als auch mit Narrowing-Semantik als Spezialfall von Gleichungsprogrammen aufgefaßt werden können, wenn Paramodulation und Reflektion als Inferenzregeln verwendet werden.

Schließlich stellen Gleichungsprogramme ein elegantes Hilfsmittel dar, um Sorten und Attribute zusammen mit einem Vererbungsmechanismus in eine Hornklauselsprache einzubringen. Der funktionale Teil eines FHCL-Programmes besteht dazu aus Gleichungsprogrammen, die als Sortendefinitionen aufgefaßt werden. Sorten können auf diese Weise durch die erweiterte Unifikation des FHCL-Systems behandelt werden, ohne irgendeine Änderung an der Semantik des Systems vornehmen zu müssen. Darüber hinaus bietet dieses Vorgehen den Vorteil, daß die erweiterte Unifikationsprozedur, die in dieser Arbeit als Paramodulationskalkül angenommen wurde, durch ein effizienteres, speziell auf Sorten ausgerichtetes Verfahren ersetzt werden kann. Wenn dies eine Prozedur zur Erzeugung einer vollständigen Menge von Unifizierern ist, ist das Korrektheits- und Vollständigkeitsresultat für das FHCL-System weiterhin gültig.

In einem abschließenden Teil wird die Behandlung einer umfangreicheren Programmieraufgabe im FHCL-Programmiersystem vorgestellt. Es handelt sich dabei um ein Beispiel aus dem Bereich der Programmtransformation, an dem insbesondere demonstriert wird, wie eine Teilung der Aufgaben zwischen dem funktionalen und dem logischen Teil eines kombinierten Programmiersystems erfolgen kann.

9 Anhang

In diesem Anhang sind die vollständigen FHCL-Programme für die einzelnen Versionen von Smoothsort aus Abschnitt 7 angegeben.

Die Variablenbezeichner in den folgenden Programmen stimmen teilweise nicht mit den Bezeichnern aus Abschnitt 7 überein. Es gelten die folgenden Konventionen:

R Root

T Tree

ST Subtrees

TL Treelist oder List-of-Trees

L List

LL List-of-List

LN LeoN

LA LeoAv

Das Prädikat **dummy** entspricht dem Prädikat `value-of`.

Für jede Version des Smoothsort-Verfahrens ist dabei der HCL- und der FFL-Teil des FHCL-Programmes aufgeführt; äquivalente logische Prädikate, inverse Funktionen und Konstruktoren sind zusammen mit einigen verwendeten Hilfsprädikaten am Ende für alle Versionen gemeinsam aufgeführt.

Treesort

HCL

```
((treesort F L) (estab F ZT ZF)
                (sort ZT ZF L) )

((estab F T FF) (shape (domain F) T)
                (makedes T F FF))

((sort (T) F (list (call F T))))
((sort (R . ST) F L) (rearr (R . ST) F ZT ZF)
                     (sort ZT ZF ZL)
                     (appendl ZL (list (call F R)) L) )
```

```
((rearr (R . ST) F T FF) (estab (cut F R) T FF))

((shape nil nil))
((shape (X . Y) T) (dummy (randoelem (X . Y)) R)
                   (del R (X . Y) L)
                   (partition L W)
                   (subt W ST)
                   (appendl (R) ST T))
((partition nil nil))
((partition (X . Y) LL) (dummy N (add1 (random (length (X . Y)))))
                        (take N (X . Y) A B)
                        (partition B Z)
                        (appendl (A) Z LL))
((subt nil nil))
((subt (X . Y) TL) (shape X ZT)
                   (subt Y ZST)
                   (appendl (ZT) ZST TL))

((makedes T F FF) (permutation (range F) L)
                  (permf F L FF)
                  (dlt T FF))

((permf ((A FA)) (Y) (FF))  (appendl (A) (Y) FF))
((permf (X . Y) (A . B) FF) (permf Y B ZF2)
                            (permf (X) (A) ZF1)
                            (appendl ZF1 ZF2 FF))

((dlt nil nil))
((dlt (R . ST) F) (dlttest (sub* (R . ST)) F))

((dlttest nil F))
((dlttest (T . TL) F) (greatest T F)
                      (dlttest TL F))

((greatest (R) F))
((greatest (R . ST) F) (islist ST)
                       (istrue (not (< (call F R) (call F (caar ST)))))
                       (appendl (R) (cdr ST) ZTL)
                       (greatest ZTL F))
```

FFL

```
(def domain
  (lambda (X)
    (cond ((not (null X)) (append (list (caar X)) (domain (cdr X)))) (t nil))))
(def range
  (lambda (X)
    (cond ((not (null X)) (append (cdar X) (range (cdr X)))) (t nil))))
(def call
```

```
    (lambda (X Y)
      (cond [(or (null X) (null Y)) nil]
            [(equal (caar X) Y) (cadar X) ]
            [t   (call (cdr X) Y)] )))
(def cut
  (lambda (X Y)
    (cond [(equal Y (caar X)) (cdr X)]
          [t  (append (list (car X)) (cut (cdr X) Y))] )))
(def randoelem
  (lambda (X)
    (nth (random (length X)) X)))

(def sub*
  (lambda (T)
    (cond [ (null T) nil ]
          [ t        (cons T (sub+ T)) ] )))
(def sub+
  (lambda (T)
    (cond [ (or (atom T) (null (cdr T)))  nil ]
          [ t     (append (sub* (cadr T)) (sub+ (cons (car T) (cddr T))))] )))

(def root
  (lambda (T)
    (cond [(null T) nil]
          [t       (car T)]) ))
```

Treesort mit algorithmischen makedes

HCL

```
((treesort F L) (estab F ZT ZF)
                (sort ZT ZF L) )

((estab F T FF) (shape (domain F) T)
                (makedes T F FF))

((sort (T) F ((call F T))))
((sort (R . ST) F L) (rearr (R . ST) F ZT ZF)
                     (sort ZT ZF ZL)
                     (appendl ZL ((call F R)) L) )

((rearr (R . ST) F T FF) (estab (cut F R) T FF))

((shape nil nil))
((shape (X . Y) (R . ST)) (dummy (randoelem (X . Y)) R)
                          (del R (X . Y) Z)
                          (partition Z W)
                          (subt W ST) )

((partition nil nil))
((partition (X . Y) (W . Z)) (dummy N (add1 (random (length (X . Y)))))
                             (take N (X . Y) W ZL)
                             (partition ZL Z) )

((subt nil nil))
((subt (X . Y) (T . TL)) (shape X T) (subt Y TL) )


((makedes T F FF) (enum T TL) (trim TL F FF))

((enum T TL) (permutation (sub* T) TL) (teil TL nil))

((teil nil X))
((teil (T . TL1) TL2) (enthalten (sub+ T) TL2)
                      (teil TL1 (T . TL2)) )

((enthalten nil TL))
((enthalten (T . TL1) TL2) (elem T TL2) (enthalten TL1 TL2))

((trim (T) F FF) (sift T F FF))
((trim (T . TL) F FF) (islist TL) (sift T F ZF) (trim TL ZF FF))

((sift (R) F F))
((sift (R . ST) F F) (islist ST)
                     (greatest (R . ST) F))
((sift (R . ST) F FF) (maxsub ST F G)
                      (istrue (> (call F (root G)) (call F R)))
                      (swap F (root G) R (call F (root G)) (call F R) ZF)
```

```
                              (sift G ZF FF))

((greatest (R) F))
((greatest (R . (T . TL)) F) (istrue (not (< (call F R) (call F (car T)))))
                              (greatest (R . TL) F) )

((maxsub (T) F T))
((maxsub (T . TL) F T) (maxsub TL F ZT)
                       (istrue (> (call F (root T)) (call F (root ZT)))))
((maxsub (T . TL) F G) (maxsub TL F G)
                       (istrue (> (call F (root G)) (call F (root T)))))

((swap F A B FA FB FF) (exch F A FB ZF) (exch ZF B FA FF))

((exch ((A FA) . Y) A FB ((A FB) . Y)))
((exch ((A FB) . Y) B FA ((A FB) . Z)) (exch Y B FA Z) )
```

FFL ist unverändert

Treesort mit Leonardo-Avenues

HCL

```
((treesort F L) (estab F ZT ZF)
                (sort ZT ZF L) )

((estab F T FF) (shape (domain F) T)
                (makedes T F FF))

((sort (T) F ((call F T))))
((sort (R . ST) F L) (rearr (R . ST) F ZT ZF)
                     (sort ZT ZF ZL)
                     (appendl ZL ((call F R)) L) )

((rearr (R . ST) F T FF) (estab (cut F R) T FF))

((shape nil nil))
((shape L T) (sc (length L) S)
             (part S L LN)
             (makeleoave LN LA)
             (tree LA T) )

((sc N (LN . L)) (istrue (> N 0))
                 (dummy (my N) LN)
                 (sc (- N LN) L))
((sc 0 nil))

((part (N) L (L)) (istrue (= N (length L))))
((part (N . M) X (L . LL)) (take N X L ZL)
                           (part M ZL LL) )
```

```
((makeleoave (L . LL) (T . TL)) (makeleoave LL TL)
                                (makeleotree L T) )
((makeleoave (L) (LA)) (makeleotree L LA))

((makeleotree (X) (X)))
((makeleotree (X . Y) (X . Z)) (islist Y)
                               (combnums (length (X . Y)) L R)
                               (take L Y LN RN)
                               (maketwotree LN T1)
                               (maketwotree RN T2)
                               (appendl (T1) (T2) Z) )

((combnums (add1 N) L R) (dummy (my N) L)
                         (add R L N))
((add 0 X X))
((add (add1 X) Y (add1 (+ X Y))))

((maketwotree (X) (X)))
((maketwotree (X . Y) (R . ST)) (del R (X . Y) ZL)
                                (take (ttnum (length ZL)) ZL LN RN)
                                (maketwotree LN Z1)
                                (maketwotree RN Z2)
                                (appendl (Z1) (Z2) ST) )

((tree (T) T))
((tree (T . TL) (R ST)) (appendl Z ((R)) (T . TL))
                        (tree Z ST) )
((tree (T . TL) (R . ST)) (appendl Z ((R . ZST)) (T . TL))
                          (islist ZST)
                          (tree Z ZT)
                          (appendl (ZT) ((car ZST) . (cdr ZST)) ST) )


((makedes T F FF) (enum T TL)
                  (trim TL F FF))

((enum T TL) (permutation (sub* T) TL)
             (teil TL nil))

((teil nil X))
((teil (T . TL1) TL2) (enthalten (sub+ T) TL2)
                      (teil TL1 (T . TL2)) )

((enthalten nil TL))
((enthalten (T . TL1) TL2) (elem T TL2)
                           (enthalten TL1 TL2))

((trim (T) F FF) (sift T F FF))
((trim (T . TL) F FF) (islist TL)
                      (sift T F ZF)
                      (trim TL ZF FF))
```

```
((sift (R) F F))
((sift (R . ST) F F)   (islist ST)
                       (greatest (R . ST) F))
((sift (R . ST) F FF)  (maxsub ST F G)
                       (istrue (> (call F (root G)) (call F R)))
                       (swap F (root G) R (call F (root G)) ZF)
                       (sift G ZF FF))

((greatest (R) F))
((greatest (R . (T . TL)) F) (istrue (not (< (call F R) (call F (car T)))))
                             (greatest (R . TL) F) )

((maxsub (T) F T))
((maxsub (T . TL) F T)  (maxsub TL F ZT)
                        (istrue (> (call F (root T)) (call F (root ZT)))))
((maxsub (T . TL) F G)  (maxsub TL F G)
                        (istrue (> (call F (root G)) (call F (root T)))))

((swap F A B FA FF) (exch F A (call F B) ZF) (exch ZF B FA FF))

((exch ((A FA) . Y) A FB ((A FB) . Y)))
((exch ((A FB) . Y) B FA ((A FB) . Z)) (exch Y B FA Z) )
```

FFL

```
(def domain
  (lambda (X)
    (cond ((not (null X)) (append (list (caar X)) (domain (cdr X)))) (t nil))))

(def cut
  (lambda (X Y)
    (cond [(equal Y (caar X)) (cdr X)]
          [t  (append (list (car X)) (cut (cdr X) Y))] )))
(def call
  (lambda (X Y)
    (cond [(or (null X) (null Y)) nil]
          [(equal (caar X) Y) (cadar X) ]
          [t  (call (cdr X) Y)] )))

(def sub*
  (lambda (T)
    (cond [ (null T) nil ]
          [ t       (cons T (sub+ T)) ] )))
(def sub+
  (lambda (T)
    (cond [ (or (atom T) (null (cdr T)))  nil ]
          [ t   (append (sub* (cadr T)) (sub+ (cons (car T) (cddr T))))] )))

(def root
  (lambda (T)
    (cond [(null T) nil]
```

```
                    [t          (car T)]) ))
(def my
  (lambda (N)
    (cond [(lessp N 3) 1]
          [t          (prog (I A B C)
                         (setq I 0 A 1 B 3)
                         do
                         (cond [(lessp B N) (setq C B)
                                            (setq B (add A B 1))
                                            (setq A C)
                                            (go do) ]
                               [(= B N) (return B) ]
                               [t       (return A) ] ))]) ))
(def ttnum
  (lambda (N)
    (prog (I)
      (setq I (*quo N 2))
      (cond [(oddp I) (return I)]
            [t        (return (add1 I))]) ) ))
```

Smoothsort

HCL

```
((treesort F L) (estab F ZT ZF)
                (sort ZT ZF L) )

((estab F (car Z) (cadr Z)) (dummy Z (e (0 (1)) F)) )

((sort (0 S) F ((call F 0))))
((sort ((add1 U) S) F L) (dummy (rearrange ((add1 U) S) F) Z)
                         (sort (car Z) (cadr Z) ZL)
                         (appendl ZL ((call F (add1 U))) L) )
```

FFL

```
(def call
  (lambda (X Y)
    (cond [(or (null X) (null Y)) nil]
          [(equal (caar X) Y) (cadar X) ]
          [t  (call (cdr X) Y)] )))
(def first
  (lambda (L)
    (reverse (cdr (reverse L))) ))
(def sm_1
  (lambda (L)
    (first (cadr L)) ))
```

```
(def pre
  (lambda (LN)
    (cond [(= LN 1) 1]
          [t              (prog (I A B C)
                            (setq I 0 A 1 B 3)
                          do
                            (cond [(lessp B LN) (setq C B)
                                                (setq B (add A B 1))
                                                (setq A C)
                                                (go do) ]
                                  [(= B LN) (return A) ]))]) ))
(def pre2
  (lambda (LN)
    (prog (I A B C D)
       (setq I 0 A 1 B 1 C 3)
      do
       (cond [(lessp C LN) (setq D C)
                           (setq C (add B C 1))
                           (setq A B)
                           (setq B D)
                           (go do) ]
             [(= C LN) (return A) ])) ))
(def gsg
  (lambda (U S F)
    (prog (U_1)
      (setq U_1 (sub1 U))
      (cond [(<= (call F U_1) (call F (- U_1 (pre2 S))))
                   (return (list (- U_1 (pre2 S)) (pre S)))]
            [t    (return (list U_1 (pre2 S)))] )) ))
(def swap
  (lambda (F A B)
    (prog (H)
      (setq H (call F A))
      (return (exch (exch F A (call F B)) B H))) ))
(def exch
  (lambda (F A FB)
    (cond [(= (caar F) A) (cons (rplacd (car F) (list FB)) (cdr F))]
          [t              (cons (car F) (exch (cdr F) A FB))]) ))
(def siftbin
  (lambda (L F)
    (prog (U G)
      (setq U (car L))
      (cond [(not (= (cadr L) 1))
              (setq G (gsg U (cadr L) F))
              (cond [(<= (call F (car G)) (call F U)) (return F)]
                    [t   (return (siftbin G (swap F (car G) U)))])]
            [t (return F)])) ))

(def siftav
  (lambda (L F)
    (prog (U SM G)
      (setq U (car L))
```

```
            (setq SM (car (last (cadr L))))
            (cond [(or (< U SM) (<= (call F (- U SM)) (call F U)))
                   (return (siftbin (list U SM) F))]
                  [t (cond [(or (= SM 1) ((setq G (gsg U SM F))
                                   (<= (call F (car G)) (call F (- U SM)))))
                            (return (siftav (list (- U SM) (sm_1 L)) (swap F (- U SM) U)))]
                           [t (return (siftbin G (swap F U (car G))))] )])) ))
(def siftsp
  (lambda (L F)
    (prog (U SM)
       (setq U (car L))
       (setq SM (car (last (cadr L))))
       (cond [(or (= (length (cadr L)) 1) (<= (call F (- U SM)) (call F U)))
              (return F) ]
             [t (return (siftav (list (- U SM) (sm_1 L))
                                (swap F (- U SM) U)))])
    ) ))
(def rearrange
  (lambda (L F)
    (prog (U_1 SM T T_1)
       (setq U_1 (sub1 (car L)))
       (setq SM (car (last (cadr L))))
       (setq T (append1 (sm_1 L) (pre SM)))
       (cond [(= SM 1) (return (list (list U_1 (sm_1 L)) F))]
             [t (setq T_1 (append1 T (pre2 SM)))
                (return (list (list U_1 T_1) (siftsp
                     (list U_1 T_1) (siftsp (list (- U_1 (pre2 SM)) T) F))))]) )))
(def e
  (lambda (L F)
    (prog (U SM N)
       (setq U (car L))
       (setq SM (car (last (cadr L))))
       (setq N (length F))
       (cond [(= U (sub1 N)) (return (list L (siftav L F)))]
             [t (cond [(and (>= U SM) (= SM (pre (car (last (sm_1 L))))))
                       (return (e (list (add1 U) (append1 (first (sm_1 L))
                          (+ (car (last (sm_1 L))) SM 1))) (siftbin (list U SM) F)))]
                      [t (cond
                          [(> (- N U 1) (pre SM))
                           (return (e (list (add1 U) (append1 (cadr L) 1))
                                (siftbin (list U SM) F)))]
                          [t (return (e (list (add1 U) (append1 (cadr L) 1))
                                (siftav L F)))] )]) ) ))
```

Sonstiges

Hilfsprädikate

```
((append1 nil X X))
((append1 (X . Y) Z (X append Y Z)))
```

```
((del X (X . Z) Z))
((del X (Y . Z) (Y . W)) (del X Z W) )

((islist (X . Y)))
((istrue t))

((dummy X X))

((permutation nil nil))
((permutation (X . Y) O) (del W (X . Y) ZL)
                         (permutation ZL Z)
                         (appendl (W) Z O) )

((take 1 (X . Y) (Z) W) (del Z (X . Y) W) )
((take N (X . Y) L W) (istrue (> N 1))
                      (del Z1 (X . Y) ZL)
                      (take (- N 1) ZL Z2 W)
                      (appendl (Z1) Z2 L) )
```

EQL

```
(append . appendl)
```

INV

```
+
(lambda (w w* hi) (list '- w* (nth (diff 3 hi) w)))
(lambda (w w* hi) (not (lessp w* (nth (diff 3 hi) w))))
add1
(lambda (w w* hi) (list '- w* hi))
(lambda (w w* hi) (not (lessp w* hi)))
```

CON

```
(add1)
```

Literatur

[AK84]   H. Ait-Kaci. *A Lattice-Theoretic Approach to Computation Based on a Calculus of Partially-Ordered Type Structures*. PhD thesis, Computer and Information Science, University of Pennsylvania, Philadelphia, 1984.

[AKN86]   H. Ait-Kaci and R. Nasr. LOGIN: A logic programming language with built-in inheritance. *Journal of Logic Programming*, 3:187–215, 1986.

[AKN89]   H. Ait-Kaci and R. Nasr. Integrating Logic and Functional Programming. *Lisp and Symbolic Computation*, 2:51–89, 1989.

[AKS87]   H. Ait-Kaci and G. Smolka. Inheritance hierarchies: Semantics and unification. Technical Report AI–057–87, MCC, 1987.

[Ali87]   K. A. M. Ali. OR-parallel execution of Prolog on a multi-sequential machine. *Int. Journal of Parallel Programmig*, 15(3), 1987.

[Bac78]   S. Backus. Can programing be liberated from the von Neuman Style? A functional style and its algebra of program. *CACM*, 21(8):613–641, 1978.

[BB87]   K.H. Bläsius and H.J. Bürckert. *Deduktionssysteme*. Oldenbourg, München, 1987.

[BBLM86] R. Barbuti, M. Bellia, G. Levi, and M. Martelli. LEAF: A language which integrates logic, equations and functions. In DeGroot and Lindstrom, editors, *Logic Programming*, pp. 201–238. Prentice Hall, 1986.

[Bee88]   J. Beer. POPE - ein parallelarbeitender PROLOG-Rechner. *Der GMD-Spiegel*, 1, 1988.

[BKA+86] W. Bibel, F. Kurfeß, K. Aspetsberger, P. Hintenaus, and J. Schumann. Parallel inference machines. In Treleaven and Vanneschi, editors, *Future Parallel Computers*, pp. 185–226. Springer, LNCS 272, 1986.

[BL86]   M. Bellia and G. Levi. The relation between logic and functional languages: A survey. *Journal of Logic Programming*, 3:217–236, 1986.

[BM72]   R. S. Boyer and J. S. Moore. The sharing of structure in theorem-proving programs. In Meltzer and Mitchie, editors, *Machine Intelligence 7*, pp. 101–116. Edinburgh University Press, 1972.

[Boc87]   A. Bockmayr. A note on a canonical theory with undecidable unification and matching problem. *Journal of Automated Reasoning*, 3:379–381, 1987.

[Boc88]   A. Bockmayr. Narrowing with built-in theories. In Wechler, Grabowski, Lescanne, editors, *First International Workshop on Algebraic and Logic Programming*, pp. 83–92, Ost-Berlin, DDR, 1988. Akademie-Verlag.

[CF88]   T. Conrad and U. Furbach. Sorts are nothing but functions. An equational approach to sorts for logic programming. FKI Report 89-88, TUM, 1988.

[CG84]   K. L. Clark and S. Gregory. PARLOG: Parallel programming in logic. Research Report DOC 84/4, Imperial College, London, 1984.

[CL73]   C. L. Chang and R. C. T. Lee. *Symbolic Logic and Mechanical Theorem Proving*. Academic Press, 1973.

[CM85]   E. Charniak and D. McDermott. *Introduction to Artificial Intelligence*. Addison-Wesley, 1985.

[Con88] T. Conrad. A many sorted PROLOG based on equational unification. In Y. Kodratoff, editor, *Proc. ECAI*, pp. 305 –307, 1988.

[CP86]   P. T. Cox and T. Pietrzykowski. Incorporating equality into logic programming via surface deduction. *Annals of Pure and Applied Logic*, 31:177–189, 1986.

[CS71]   C. L. Chang and J. L. Slagle. Completeness of linear refutation for theories with equality. *Journal of the ACM*, 18(1), 1971.

[CSW88] J. Chassin, J. C. Syre, and H. Westphal. Implementation of a parallel Prolog system on a commercial multiprocessor. In Y. Kodratoff, editor, *Proc. ECAI*, 1988.

[Dij82] E. W. Dijkstra. Smoothsort, an alternative for sorting in situ. *Sci. Comput. Programming*, 1:223–233, 1982.

[DO89]   N. Dershowitz and M. Okada. A rationale for conditional equational programming. Report, University of IIllinois, 1989.

[DvG82] E. W. Dijkstra and A.J.M. van Gasteren. An introduction to three algorithms for sorting in situ. *Inf. Process. Lett.*, 3:129 – 133, 1982.

[EB88]   W. Ertel and S. Bayerl. Partheo/4: Experiments with and refinements of the parallel automated theorem prover based on the connection method for full first order logic. Technical report, Deliverable DI3, ESPRIT 415, TU München, 88.

[FH86]   U. Furbach and S. Hölldobler. Modelling the combination of functional and logic programming languages. *Journal of Symbolic Computation*, 2:123–138, 1986.

[FH88]   U. Furbach and S. Hölldobler. FHCL - Functions in Horn Clause Logic. Technical Report FKI–66–88, TUM, 1988.

[FH90]   U. Furbach and S. Hölldobler. *Advances in Logic Programming and Automated Reasoning*, chapter Order-Sortedness, Inheritance and Equations in Logic Programming. Ablex Publ. Coop., 1990. Erscheint in Kürze.

[FHL86] U. Furbach, S. Hölldobler, and T. Laußermair. FHCL: Functions in Horn clause logic - a guide to a programming system. Bericht 8602, UniBwM, 1986.

[FHS89a] U. Furbach, S. Hölldobler, and J. Schreiber. Horn equality theories and paramodulation. *Journal of Automated Reasoning*, 5:309–337, 1989.

[FHS89b] U. Furbach, S. Hölldobler, and J. Schreiber. Paramodulation modulo equality. In *Proc. GWAI'89*, pp. 107–116. Springer, IFB 216, 1989.

[FK87] B. Fronhöfer and F. Kurfeß. Cooperative competition: A modest proposal concerning the use of multiprocessor systems for automated reasoning. Forschungsberichte Künstliche Intelligenz ATP–74–VII–872, TU München, 1987.

[Fri84] L. Fribourg. Oriented equational clauses as a programming language. *Journal of Logic Programming*, 1:165–177, 1984.

[FS87] U. Furbach and L. Schmitz. Rigorous derivation of a sophisticated algorithm: Smoothsort. In Meertens, editor, *Program Specification and Transformation*, pp. 49–72. Elsevier Science Publishers, 1987.

[Fur83] U. Furbach. *Über Transformationsregeln für nichtdeterministische rekursive Funktionsdefinitionen*. PhD thesis, UniBwM, 1983.

[Fur87] U. Furbach. Oldy but goody: Paramodulation revisited. In *Proc. GWAI'87*, pp. 195–200. Springer, IFB 15, 1987.

[Fur89] U. Furbach. An equational approach to sorts for logic programming. In Müller and Ganzinger, editors, *Ext. abstracts of the 1st German Workshop Term Rewriting: Theory and Applications*. SEKI Report SR-89-02, 1989.

[GDK87] G. Goos, R. Dietrich, and P. Kursawe. Prolog-Arbeiten in Karlsruhe. In Brauer und Wahlster, Hrsg., *Wissensbasierte Systeme*, pp. 89–104. Springer, IFB 155, 1987.

[GGW88] H.-J. Goltz, U. Geske, and F. Wysotzki. The rewrite approach to combined logic and functional programming. *J. New Gener. Comput. Syst.*, 1(1):49 – 62, 1988.

[HE86] P. Hoddinott and E. W. Elcock. PROLOG: Subsumption of equality axioms by the homogeneous form. In *Proc. SLP'86*, pp. 115–126, 1986.

[Hen80] P. Henderson. *Functional Programming*. Prentice Hall, 1980.

[HFL85] S. Hölldobler, U. Furbach, and T. Laußermair. Extended unification and its implementation. In *Proc. GWAI'85*, pp. 176–185. Springer, IFB 118, 1985.

[Hil74] R. Hill. Lush resolution and its completeness. DCI Memo 78, Department of Artificial Intelligence, University of Edinburgh, 1974.

[HK89]   D. Hofbauer and R. D. Kutsche. *Grundlagen des maschinellen Beweisens*. Vieweg, 1989.

[HO80]   G. Huet and D. C. Oppen. Equations and rewrite rules. In Book, editor, *Formal Languages: Perspectives and Open Problems*. Academic Press, 1980.

[Höl87]   S. Hölldobler. Equational logic programming. In *Proc. SLP'87*, pp. 335–346, 1987.

[Höl88]   S. Hölldobler. From paramodulation to narrowing. In *Proc. 5th Int. Conference/Symposium on Logic Programming*, pp. 327–342, 1988.

[Höl89]   S. Hölldobler. *Foundations of equational logic programming*. Springer, LNCS 353, 1989.

[Hul80]   J. M. Hullot. Canonical forms and unification. In *Proc. Conf. Automated Deduction*, pp. 318–334, 1980.

[HW74]   L. Henschen and L. Wos. Unit refutations and horn sets. *Journal of the ACM*, pp. 590–605, 1974.

[JLM84]   J. Jaffar, J-L. Lassez, and M. J. Maher. Theory of complete logic programs with equality. In *Proc. Int. Conf. 5th Gen. Comp. Sys.*, pp. 175–184, 1984.

[Jor86]   Ph. Jorrand. Term rewriting as a basis of the design of a functional and parallel programming language. A case study: the language FP2. In *Fundamentals of Artificial Intelligence, LNCS 232, Springer*, pp. 221–276, 1986.

[Kob88]   R. Kober, editor. *Parallelrechner-Arckitekturen*. Springer, 1988.

[Llo84]   J. W. Lloyd. *Foundations of Logic Programming*. Springer Verlag, 1984.

[LSBB89]   R. Letz, J. Schumann, S. Bayerl, and W. Bibel. SETHEO: A High-Performance Theorem Prover. Technical report, ATP-Report, Technische Universität München, 1989. Erscheint im Journal of Automated Reasoning.

[MM82]   A. Martelli and U. Montanari. An efficient unification algorithm. *ACM TOPLAS*, pp. 258–282, 1982.

[MO83]   A. Mycroft and R. O'Keefe. A polymorphic type system for Prolog. In *Proc. Logic Programming Workshop '83*, pp. 107–121, 1983.

[NRS87]   W. Nutt, P. Rety, and G. Smolka. Basic narrowing revisited. SEKI Report SR–87–07, Univ. Kaiserslautern, 1987.

[Obe62]   A. Oberschelp. Untersuchungen zur mehrsortigen Quantorenlogik. *Mathematische Annalen 145*, 1962.

[Obe90]   A. Oberschelp. Order-sorted predicate logic. In Bläsius, Hedtstück, and Rollinger, editors, *Sorts and Types in Artificial Intelligence. Workshop, Eringerfeld, FRG, April 1989*, pp. 8–17. Springer, 1990.

[Pad88]   P. Padawitz. *Computing in Horn Clause Theories*. Springer, 1988.

[Red85]   U. S. Reddy. Narrowing as the operational semantics of functional languages. In *Proc. SLP'85*, pp. 138–151, 1985.

[RG87]   J. A. Robinson and K. J. Greene. New generation knowledge processing: Final report on the super system. Techn Report 8707, CASE Center, Syracuse University, 1987.

[Rob88]   J. A. Robinson. Beyond LOGLISP: combining functional and relational programming in a reduction setting. In Hayes, Mitchie, and Richards, editors, *Machine Intelligence 11*, pp. 399–419. Clarendon Press, Oxford, 1988.

[RS82]   J. A. Robinson and E. E. Sibert. LOGLISP: An alternative to PROLOG. In Hayes and Mitchie, editors, *Machine Intelligence 10*, pp. 399–419. Ellis Horwood, 1982.

[RW69]   G. A. Robinson and L. Wos. Paramodulation and theorem proving in first order theories with equality. In Meltzer and Mitchie, editors, *Machine Intelligence 4*. Edinburgh University Press, 1969.

[Sch87]   P. Schnupp. Wissensbasierte Softwareentwicklung für den Anwendungsalltag. In Brauer und Wahlster, Hrsg, *Wissensbasierte Systeme, Springer IFB 155*, pp. 260–272, 1987.

[SG84]   H. Stoyan and G. Görz. *LISP. Eine Einführung in die Programmierung*. Springer, 1984.

[Sha84]   E. Shapiro. Systolic programming: a paradigm of parallel processing. In *Proc. Int. Conf. on Fifth Generation Computer Systems*, 1984.

[Sha86]   J. Shapiro. Fundamentals of artificial intelligence. In Bibel and Jorrand, editors, *Concurrent PROLOG: A Progress Report*, pp. 277–313. Springer, LNCS 232, 1986.

[Sie89]   J. H. Siekmann. Unification theory. *Journal of Symbolic Computation*, 7:207 – 274, 1989.

[SL89]   J. Schumann and R. Letz. PARTHEO: A high performance parallel theorem prover. FKI Report, TUM, 1989.

[Smo86]   G. Smolka. Order-sorted Horn logic: Semantics and deduction. SEKI-Report SR–86–7, Univ. Kaiserslautern, 1986.

[SNGM87] G. Smolka, W. Nutt, J. A. Goguen, and J. Meseguer. Order-sorted equational computation. SEKI-Report SR–87–4, Univ. Kaiserslautern, 1987.

[SS88] M. Schmidt-Schauß. *Compuatational Aspects of an Order-Sorted Logic with Term Declaration*. PhD thesis, Uni Kaiserslautern, 1988.

[Sut87] C. Suttner. Verwendung von FHCL zum Herleiten von Smoothsort. Fortgeschrittenenpraktikum TU München, 1987.

[SY86] P. A. Subrahmanyam and J-H. You. FUNLOG: A computational model integrating logic programming and functional programming. In DeGroot and Lindstrom, editors, *Logic Programming*, pp. 157–198. Prentice Hall, 1986.

[vEY87] M. H. van Emden and K. Yukawe. Logic programming with equations. *Journal of Logic Programming*, 4:265–288, 1987.

[Wal83] C. Walther. A many-sorted calculus based on resolution and paramodulation. In *Proc. IJCAI*, pp. 882–891, 1983.

[Wal87] C. Walther. A many-sorted calculus based on resolution and paramodulation. *Research Notes in Artificial Intelligence*, 1987.

[War87] D.H.D. Warren. Or-parallel execution models of PROLOG. In Ehrig et al., editor, *TAPSOFT'87, Vo. 2*. Springer, LNCS 250, 1987.

[Wes86] H. Westphal. Eine Beurteilung paralleler Modelle für Prolog. In *GI-Jahrestagung*, pp. 227–240. Springer, LNCS, 1986.

[Yuk87] K. Yukawe. *Amalgating functional and relational Programming through the use of equality axioms*. PhD thesis, University of Waterloo, 1987.

Sachwortverzeichnis

CON, 115
cU_{FP}, 47
$def\ f$, 34
DEF, 115
EQ, 25
$EQA(S)$, 25
$eql(f)$, 74
$eval$, 41
$fcl(FP, LP)$, 36
FP, 35
$graph(def\ f)$, 36
$H(S)$, 53
LP, 35
$M(S)$, 23
$\mathcal{M}[P]$, 23
$\mathcal{O}[P]$, 25
$O(t)$, 22
$solve$, 42
$TERM$, 34
$trans$, 47
$U_{FP}(s,t)$, 47
$\mathcal{V}$, 35
$Var(t)$, 22
$\Rightarrow$, 102
$=_{FP}$, 47
$\geq_{FP}$, 47
$\hookrightarrow$, 105
$\stackrel{E}{\leadsto}$, 97
$\ll$, 129
$\longrightarrow_{lr}$, 54
$\longrightarrow_{rr}$, 54
$\prec$, 116
$s \doteq t$, 96
$t : \xi$, 115
:, 120
•, 22

Ableitung, 28
Atome, 20
Attribute, 121

BAGEL, 89
Beispiel, 22
Berechnungsregel, 23
Beschränkung, 22
breadth-first-Abarbeitung, 80

Codomain, 22
Commit-Operator, 88
Concurrent Prolog, 89

definiertes Funktionssymbol, 41
demand-Parallelismus, 90
depth-first-Abarbeitung, 80
Dissagreement-Menge, erweiterte, 73
dlt, 130
Domain, 22

E-Ableitung, 49
E-berechnete Antwortsubstitution, 49
E-Erfolgsmenge, 49
E-Modell, 27
E-Resolvente, 48
E-unerfüllbar, 27
E-unify, 41
E-Widerlegung, 49
Eingabeklausel, 26
equational logic program, 100
Erfolgsmenge, 24
Ersetzung eines Teiltermes, 22

Faktorisierung, 28
Faktum, 21
FFL, 82
FHCL, 35
FHCL-Programme, 35
FL, 34
FP-Beispiel, 47
FP-Gleichheit, 47
FP-Unifizierer, 47
FPROLOG, 110
funktional reflexiven Axiome, 28

FUNLOG, 62

gerichtete Gleichung, 102
gerichtetes Gleichungsprogramm, 102
Gleichungsprogramm, 100
Grundbeispiel, 22
Grundinstanz, 22
grundkonfluent, 103

HCL, 30
HCL-Programm, 21
homogene Form, 53
Hornklausel, 21
Horngleichungen, 100

induzierte UND-Parallelität, 88

kanonisch, 97
Klausel, 20
konditionales Termersetzungssystem, 102
konfluent, 97
Konstanten, 20
Konstruktor, 41
Kopf, 21
korrekte Antwortsubstitution, 24

lazy resolution, 108
LEAF, 63
leere Klausel, 21
leere Substitution, 22
LeFun, 64
Leonardozahlen, 134
Literal, 20
logisches Gleichungsprogramm, 100
logisches Programm, 21
LOGLISP, 60
LOGO, 89
lr-Resolution, 54

Master, 93
matchen, 97
Mehrfachvererbung, 124
mgu, 22
MIRANDA, 107
MIX, 82

ML, 112
modelltheoretische Semantik, 23

Nachfolger, 55
Narrowing, 105
noethersch, 97
normal, 97
normalisierbar, 104

ODER-Parallelität, 88
operationale Semantik, 25

Paramodulant von G und D bei π, 28
Paramodulation, 26
PARLOG, 88
PARTHEO, 95
PEPSYS, 88
Pool, 92
Prädikatensymbolen, 20
Programmklausel, 21

Queries, 80

R-berechnete Antwortsubstitution, 24
R-Erfolgsmenge, 24
random-Abarbeitung, 80, 93
Reduktion, 97
Reflektant, 100
Reflektion, 100
Regel, 96
rekursive Realisierung, 77
Resolution, 28
Router, 94
Rumpf, 21

S-Ausdruck, 13
Selektion eines Teiltermes, 22
SETHEO, 95
setof, 80
Slave-Prozesse, 92
SLD-Ableitung, 24
SLD-Resolution, 23
SLD-Widerlegung, 24
SLDE-Ableitung, 55
Solved, 78

Sorte, 116
Sortensymbolen, 115
Substitution, 22
Substitutionsaxiome, 25
SUPER, 66

Teilterm , 22
Teilziele, 21
Terme, 20
Termersetzungssystem, 96
Termersetzungssystem, nicht-triviales, 105
terminierend, 97

UND-Parallelität, 88
Unifikationsalgorithmus, erweiterter, 74
Unifizierer , 22
Unitklausel, 21
unmittelbarer Nachfolger, 55
Untersorte, 116
usr-Abarbeitung, 80

Variablen, 20
Variablenbedingung, 97
Variablenvorkommen, 104
Varianten, 22
vollständige Menge der Unifizierer, 47
Vorkommen, 22

WAITING, 93
Waiting, 78
Warren Abstract Machine, 90
Widerlegung, 28

zerlegbar, 41
Zielklausel, 21

Modulare Regelprogrammierung

Von Siegfried Bocionek
Mit einem Geleitwort von Hans-Jürgen Siegert.

*1990. XII, 209 Seiten. (Künstliche Intelligenz,
hrsg. von Wolfgang Bibel und Walther von Hahn) Kartoniert.*
ISBN 3-528-04770-4

Regelprogrammierung (z. B. mit Prolog oder OPS 5) wird vor allem für die Entwicklung von Expertensystemen eingesetzt. Dabei zeigt es sich, daß insbesondere bei größeren Projekten leicht Unübersichtlichkeiten entstehen, die komplexe Anwendungen schwierig und fehleranfällig machen. Ein weiteres Problem ist die langsame Laufzeit dieser Programme.

Der Autor hat sich daher die Aufgabe gestellt, mit „traditionellen" Mitteln des Software Engineerings diese Schwierigkeiten zu überwinden. Sein Ansatz ist es, Gruppen von Regeln als Moduln zusammenzufassen, als jeweils eigenständige Programme zu entwickeln und „lose" miteinander zu koppeln, so daß eine hierarchische Verteilung der Aufgaben an die einzelnen Bausteine entsteht. Die Vorteile liegen auf der Hand: Die Moduln lassen sich auch auf parallele Rechner verteilen, sind leichter modifizierbar und korrigierbar und erlauben eine Verringerung der Laufzeit der Gesamtprogramme.

Verlag Vieweg · Postfach 58 29 · D-6200 Wiesbaden